# 발명의 역사

**글쓴이 팀 쿡**(Tim Cooke)
팀 쿡은 25년 이상 아동 및 성인 논픽션을 집필한 작가이며 편집자입니다. 다수의 베스트셀러를 집필하였고, 특히 과학과 역사 분야에 특징을 가지고 있습니다.

**그린이 폴 다비즈**(Paul Daviz)
폴 다비즈는 영국 블랙번 태생의 일러스트레이터로 크고 대담한 모양과 강력한 선 그리고 강한 색상과 질감이 특징입니다. 특히 1970년대 영화 광고물의 영향을 많이 받았습니다.

**옮긴이 윤영**
서울대학교 미학과를 졸업하고 같은 대학원에서 고고미술사학과를 수료했습니다. 옮긴 책으로는 『날개가 바꾼 역사』, 『바퀴가 바꾼 역사』, 『암호 클럽 11,12』, 『살아남은 자들 1-6권』, 『토이 스토리 3』외 다수의 디즈니 도서가 있습니다.

초판 1쇄 발행 2021년 6월 10일
초판 4쇄 발행 2024년 6월 10일

펴낸이 김대현
펴낸곳 아이위즈
글쓴이 팀 쿡
그린이 폴 다비즈
옮긴이 윤영
주소 서울시 강서구 양천로 738, 한강G트리타워 613호
전화 (02)2268-6042 / 팩스 (02)2268-9422
홈페이지 www.athenapub.co.kr
등록 1991년 2월 22일 제2-1134호

ISBN 979-11-86316-23-8 73500

Science Museum : the Book of Inventions written by Tim Cooke and illustrated by Paul Daviz
Text, design and illustration © 2020 Welbeck Children's Limited, part of Welbeck Publishing Group
Korean translation rights © 2021 Athena Publishing Inc.(iWizbooks Co.)
All rights reserved.
Published by arrangement with Welbeck Publishing Group Limited through AMO Agency

이 책의 한국어판 저작권은 AMO 에이전시를 통해 저작권자와 독점 계약한 ㈜도서출판 아테나에 있습니다.
저작권법에 의해 한국 내에서 보호를 받는 저작물이므로 무단 전재와 무단 복제를 금합니다.

아이위즈 iWizbooks는 ㈜도서출판 아테나의 브랜드입니다.
책값은 표지에 있습니다. 잘못된 책은 바꾸어 드립니다.

주의! 책의 모서리 부분이 날카로우니, 다치치 않도록 주의하세요.

㈜도서출판 아테나·아이위즈의
다양한 도서를 만나보세요.

영국 과학박물관 공동출간

SCIENCE MUSEUM

# 발명의 역사

## 세상을 바꾼 놀라운 아이디어들


글 **팀 쿡**
그림 **폴 다비즈**
번역 **윤영**



아이위즈

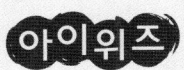

# 목차

들어가며     6

## 우리에게
## 동력을 주는 발명
### 에너지 관련 발명

| | |
|---|---|
| 증기기관 | 10 |
| 석탄 화력 발전소 | 12 |
| 원자로 | 14 |
| 플라스틱으로 만든 바이오 연료 | 16 |
| 태양전지판 | 18 |
| 배터리 | 20 |

## 우리를 어딘가로
## 데려가는 발명
### 교통 관련 발명

| | |
|---|---|
| 증기기관차 | 24 |
| 연소기관과 자동차 | 26 |
| 비행기 | 28 |
| 헬리콥터 | 30 |
| 자기부상열차 | 32 |
| 드론 | 34 |
| 우주 로켓 | 36 |

## 우리를 더 가깝게
## 만드는 발명
### 정보와 통신 관련 발명

| | |
|---|---|
| 인쇄기 | 40 |
| 전신기 | 42 |
| 무선통신 | 44 |
| 전화기 | 46 |
| 사진기 | 48 |
| 텔레비전 | 50 |
| 컴퓨터 | 52 |
| 인터넷과 와이파이 | 54 |
| 인공위성과 GPS | 56 |
| 망원경 | 58 |

## 우리 생활을 더 편하게 만드는 발명

### 일상생활 관련 발명

| | |
|---|---|
| 수세식 변기 | 62 |
| 가정 보안 시스템 | 64 |
| 냉장고 | 66 |
| 플라스틱과 인조 섬유 | 68 |
| 진공청소기 | 70 |
| 식기세척기 | 72 |

## 우리를 더 건강하게 만드는 발명

### 의학 관련 발명

| | |
|---|---|
| 현미경 | 76 |
| 심장박동 조절 장치 | 78 |
| 달리기용 의족 | 80 |
| 엑스레이 기계 | 82 |
| MRI 스캐너 | 84 |
| 백내장 레이저 수술 | 86 |

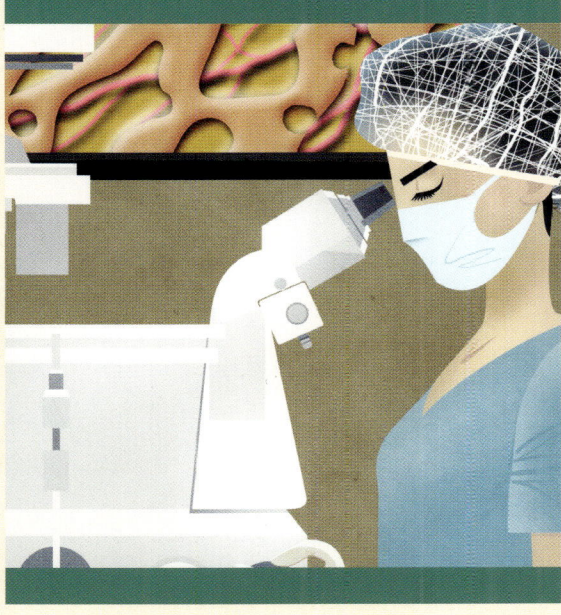

## 우리를 더 안전하게 해주는 발명

### 사건과 범죄 관련 발명

| | |
|---|---|
| 방탄조끼 | 90 |
| 지문 분석 | 92 |
| DNA 지문 분석 | 94 |
| 자동차 안전장치 | 96 |
| 소방차 | 98 |
| 연기 감지기 | 100 |
| 구조 로봇 | 102 |

| | |
|---|---|
| 이제 여러분 차례에요 | 104 |
| 연대표 | 106 |
| 용어사전 | 108 |
| 더 알아보기 | 110 |
| 찾아보기 | 111 |

망원경 (1608년경)

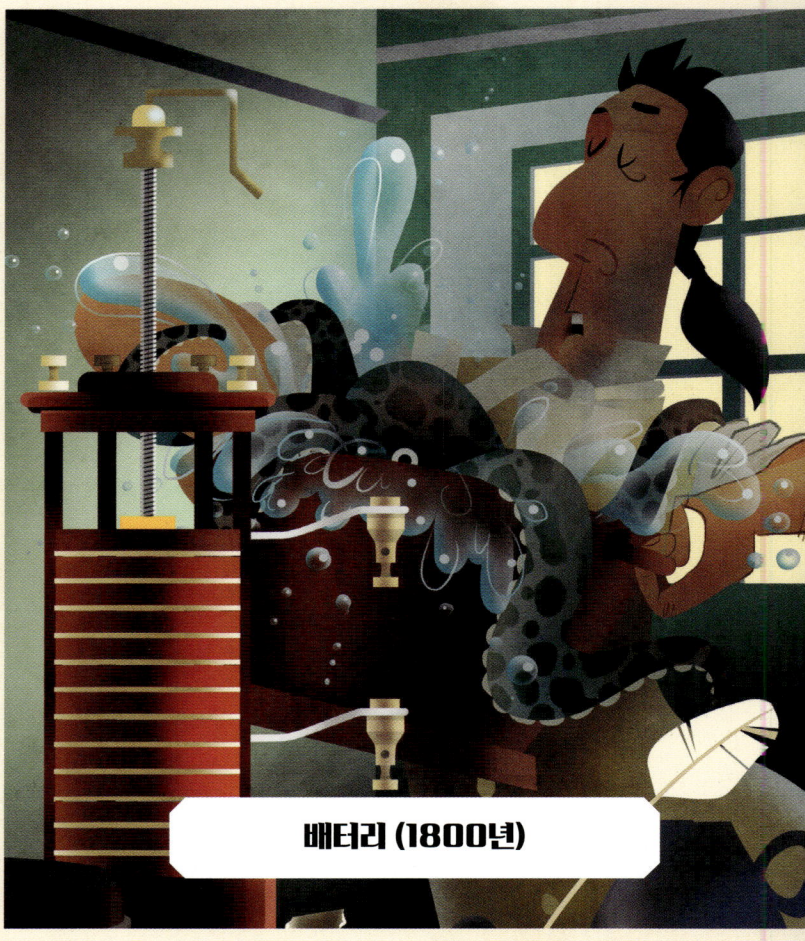
배터리 (1800년)

# 들어가며

발명이란 뭘까요? 간단하게 말하면 예전엔 존재하지 않았던 무언가를 창조하는 거예요. 하지만 새로운 아이디어를 떠올리는 것만으로는 충분하지 않아요. 사람들의 삶을 바꿀 수 있는 쓸모 있는 것들을 실제로 만들어내야 제대로 된 발명이 되는 거죠. 예를 들어 부엌 찬장에 있던 재료를 큰 그릇에 옮겨 담았다고 해서 새로운 음식을 개발한 것은 아니잖아요? 그건 그냥 부엌을 어지럽힌 것뿐이죠!

 이렇듯 발명품은 쓸모가 있어야 하지만 꼭 엄청나고 대단해야 하는 것은 아니에요. 모든 기술 변화가 엄청난 발명 덕분에 이루어진 것은 아니거든요. 별것 아닌 한 걸음 한 걸음이 모여서 큰 변화를 이룰 수도 있어요. 얇아진 바퀴살, 새로운 모양의 요리 용기, 새로운 종류의 램프용 기름처럼요. 이런 작은 변화가 시간이 가면서 점점 다듬어지고 개선되면 처음과는 달리 큰 변화가 될 수도 있어요.

 가끔 우리는 '유레카'의 순간에 관한 이야기를 들어요(유레카란 고대 그리스어로 '발견했다'라는 뜻이랍니다). 이런 이야기를 들으면 갑자기 대단한 것을 깨우치는 사람도 있구나 싶지요. 하지만 사실은 이것도 조금씩 발전해가는 수많은 과정 중 한 단계일 뿐이랍니다. 요하네스 구텐베르크는 인쇄기를 발명한 사람으로 유명하지만, 사실 인쇄기술은 중국에 이미 있던 거예요. 다만 중국에서는 책 한 페

식기세척기(1886년)

플라스틱으로 만든 바이오 연료(2011년)

이지를 인쇄하기 위해 목판 하나를 깎았지만, 구텐베르크는 각각 만든 활자를 모아서 사용했다는 차이가 있는 거죠. 어떻게 보면 작은 기술 발전이 세계의 역사를 바꿔버릴 수도 있답니다.

## 발명가란?

오늘날 많은 사람이 발명가라고 하면 역사 수업이나 영화에서 본 모습을 떠올려요. 물론 그런 경우도 있지만, 종종 그런 모습과는 다른 경우도 있어요. (역사책 속에서 사실상 남자로만 표현되는) 발명가는 대개 시험관이 가득한 실험실에 있거나, 헝클어진 머리로 칠판에 공식을 휘갈기고 있죠. 하지만 2011년 열여섯의 나이로 플라스틱을 이용해 바이오 연료를 만드는 법을 알아낸 아자 압델 하미드 파이아드라는 소녀도 있는걸요.

발명엔 좋은 점이 있어요. 바로 누구나 도전할 수 있다는 거예요. 자신이나 다른 사람들의 삶에 도움이 되는 아이디어만 있다면 누구라도 발명을 시작할 수 있어요. 반 필립스는 1970년대 워터스키 사고로 한쪽 다리를 잃은 후 발명을 시작했어요. 운동을 계속하기 위해 인공 보철 다리를 만들게 된 거죠.

정해진 발명가의 모습이라는 것은 없어요. 좋은 아이디어를 갖고 있고, 그걸 실제로 만들기 위해 일할 준비가 되어 있는 사람이라면 누구나 발명가가 될 수 있다는 것을 꼭 기억하세요.

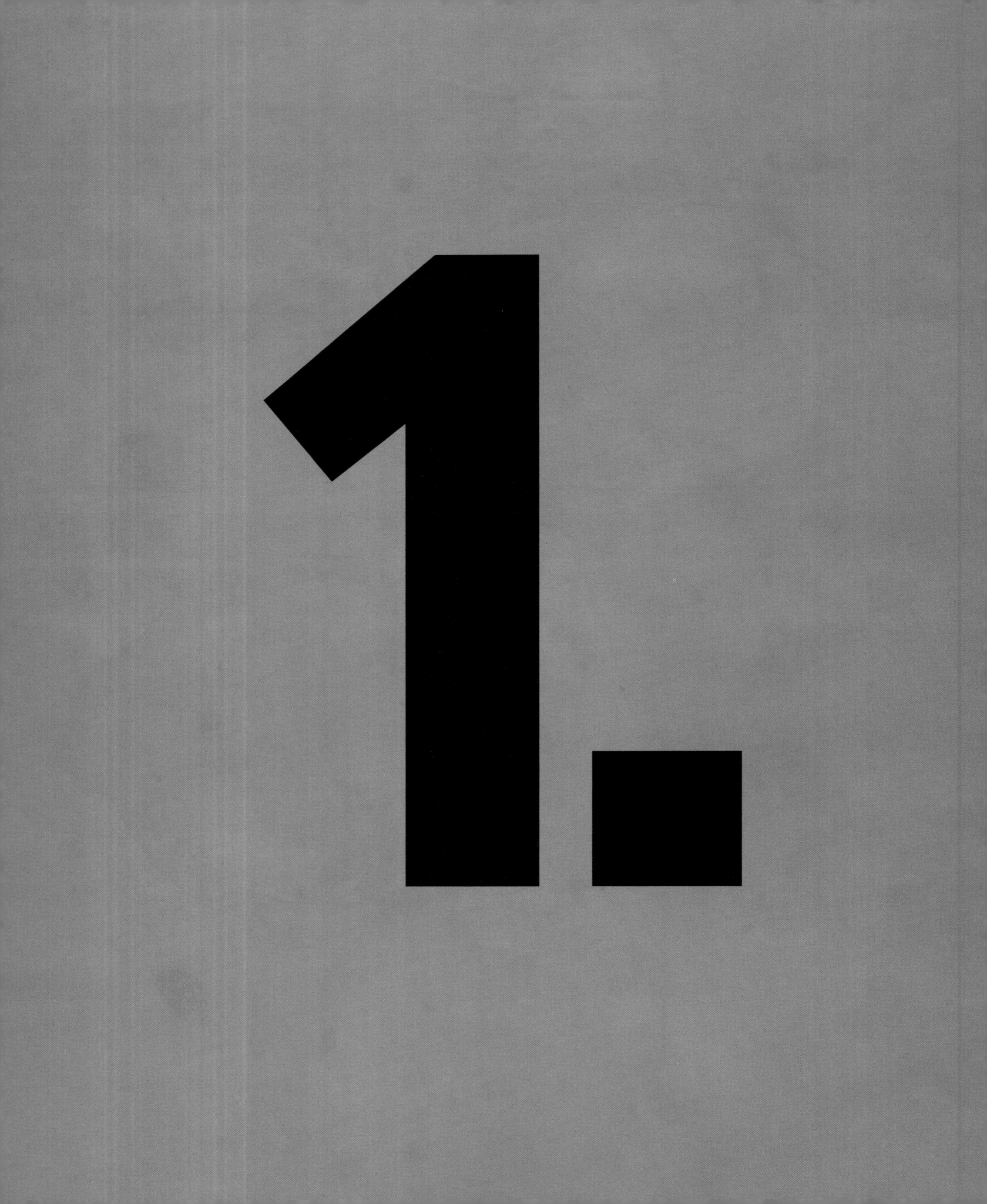

# 우리에게 동력을 주는 발명

## 에너지 관련 발명

사람들은 다양한 방식으로 에너지를 이용해요.
집을 환히 밝히는 것부터 지구 궤도를 따라 움직이는
국제 우주 정거장에 동력을 공급하는 것까지 다
에너지가 필요하죠. 이런 에너지를 얻을 수 있는 원천도
다양하답니다. 발명가들은 증기, 휘발유, 가스, 석탄,
전기, 원자력 등 여러 에너지원에서 에너지를 뽑는 방법을
개발해 왔어요. 하지만 한 가지 문제가 있어요.
우리가 주로 쓰는 화석 연료를 조만간 다 사용할 거예요.
그래서 새로운 대안을 찾기 위한 경쟁이 시작되었답니다.

# 증기기관

주전자로 물 끓이는 걸 본 적 있나요? 주전자 주둥이로 하얀 구름 같은 증기가 뿜어져 나오죠? 발명의 역사에서 가장 유명한 이야기 중 하나가 스코틀랜드 사람이었던 제임스 와트의 어린 시절 이야기예요. 1740년대 어느 날, 그는 엄마가 불에 올려놓은 주전자를 보다가 증기가 주전자 뚜껑을 들어 올리는 걸 관찰했어요. 그는 이 증기가 쓸모가 있을 거라고 생각했죠. 이 사건이 증기기관을 발명하는 데 영감을 준 거예요.

정말 멋진 이야기죠? 하지만 아쉽게도 이건 사실이 아니에요. 약 1600년 전, 고대 로마인인 알렉산드리아의 헤론이 이미 증기를 이용하는 장치를 발명했거든요. 그 후로도 여러 발명가가 자신만의 증기기관을 만들어냈죠. 1698년 영국 기술자 토마스 세이버리는 탄광에서 물을 퍼내는 펌프를 작동시킬 때 증기를 이용했어요. 또 다른 영국인 토마스 뉴커먼은 대기압기관이라는 더욱 발전된 증기기관을 발명해냈어요. 그가 설계한 첫 기계가 석탄 탄광에 설치된 게 1712년이었죠.

이렇듯 와트가 처음 등장했을 때, 증기기관은 전혀 새로운 게 아니었어요. 와트는 그냥 뉴커먼의 발명품을 새롭게 고친 것뿐이죠.

## 안팎에서 빙글빙글로

모든 증기기관은 증기를 데우면 팽창하고 식히면 다시 수축한다는 사실을 기초로 만들어져요. 닫힌 공간에 증기를 가두고 데웠다 식히기를 반복하면, 피스톤이 안팎으로 움직여요. 그러면 다양한 장치를 이용해 이 운동을 회전 운동으로 바꿀 수 있어요. 그렇게 해서 증기기관차의 바퀴를 돌리는 거죠(24쪽을 보세요).

와트의 아이디어는 증기를 식히는 방을 따로 만들어서 물을 데웠다 식힐 필요가 없게 만드는 거였어요. 덕분에 증기기관을 훨씬 효율적으로 쓸 수 있게 되었죠. 와트의 증기기관은 이후 150년 가까이 사용되었고, 그 덕분에 산업혁명과 함께 근대 사회가 열렸답니다.

## 세상을 바꾸다

사람이나 동물과는 달리 증기기관은 지치는 법이 없죠. 그래서 산업 분야에서 큰 성장을 이룰 수 있었어요. 증기기관은 방직 공장이나 규모가 큰 공장에 모여 있는 수많은 기계를 돌렸어요. 공장 굴뚝에서 연기가 끊이질 않고 뿜어져 나오면서 공장 주변의 마을과 도시도 함께 성장했죠. 증기기관은 기관차와 원양 정기선에도 사용되었어요. 덕분에 사람들은 그 어느 때보다 더 빠르게, 더 멀리 여행을 할 수 있게 되었답니다.

# 석탄 화력 발전소

오늘날 세계에서 사용하는 전기 중 거의 40%가 대규모 석탄 화력 발전소에서 만들어져요. 물론 최초의 발전소는 훨씬 작아서 가로등 968개를 밝히는 것이 전부였대요.

석탄 화력 발전소는 곱게 간 석탄을 태워서 물을 끓여요. 그러면 주전자 물을 끓일 때처럼 증기가 생기고, 그 증기로 터빈을 돌리는 거예요. 바람을 훅 불면 바람개비가 돌아가는 것처럼 증기가 터빈을 빙글빙글 돌아가게 한답니다. 터빈이 돌면 전류가 생겨나죠. 즉 발전소가 석탄의 화학적 에너지를 터빈을 돌리는 기계 에너지로, 다시 전기 에너지로 변화시키는 거예요! 이걸 에너지 연쇄라고 부른답니다.

### 밝은 불꽃

최초의 석탄 화력 발전소는 1882년 1월 영국에서 문을 열었어요. 미국 발명가 토마스 에디슨이 세운 이 발전소는 워낙 작아서 가게 건물 안에 차릴 수 있을 정도였어요. 여기서 만든 전기로 영국 홀본 구름다리에 있는 가로등 불을 밝혔답니다. 하지만 비용이 너무 많이 들어서 몇 년 만에 문을 닫고 말았어요.

**세상을 환하게**

　전기로 집을 밝히고 공장을 돌리는 일이 늘어나면서, 더 많은 화력 발전소가 지어졌어요. 발전소는 점점 더 많이 이용되었고, 1900년대 초반에는 커다란 발전소들을 이용해 도시나 지방 전체에 전력을 공급할 수 있게 되었어요. 시간이 지나면서 화력 발전소는 전 세계로 뻗어 나갔답니다.

## 석탄보다 더 좋은 것?

석탄을 태우면 환경에 나빠요. 우린 더 깨끗하고, 더 지속 가능한 전기 생산 방법을 찾아야 해요. 10대인 마나사 멘두가 바로 그 방법을 찾았어요. 그녀는 바람, 비, 태양에 있는 에너지를 포착하고 그걸로 동력을 만들어내는 장치, 하비스트(HARVEST)를 만들자고 했어요. 하비스트는 태양광 전지와 진동할 때 전류를 만들어내는 압전 물질을 이용해 전기를 생산해요. 그리고 무엇보다 이 장치는 만드는 비용이 무척 싸답니다.

# 원자로

세상 모든 것들은 원자로 이루어져 있어요. TV, 이 책, 심지어 여러분의 몸도 모두 수십억 개의 원자로 이루어져 있죠. 원자는 눈에 보이지 않을 정도로 매우 작고, 엄청난 양의 에너지에 의해 서로 뭉쳐 있어요. 이 에너지를 원자로 안에서 방출시켜서 가정이나 산업 현장에서 쓸 수 있는 전기를 만들어내는 거예요.

원자로가 발명되기 전, 폴란드 과학자 마리 퀴리는 특정 물질이 에너지를 방출한다는 것을 깨달았고 '방사능'이라고 불렀죠. 그녀의 발견 덕분에 과학자들은 원자의 구조를 이해할 수 있게 되었어요. 그 후 1923년, 과학자들은 원자를 둘로 쪼갤 수 있고 이 과정에서 열과 같은 에너지가 방출된다는 것을 알아냈어요.

## 모두 우라늄 이야기

1930년대, 세상의 수많은 물질 중에서도 우라늄이 가장 많은 에너지를 방출한다는 것이 확실해졌어요. 몇몇 과학자들은 우라늄만 충분하다면 원자가 연쇄 반응을 통해 계속해서 핵분열을 일으킬 것이고, 그러면 끊임없이 열이 방출될 것으로 추측했죠.

엔리코 페르미와 그의 동료들은 시카고 대학 스쿼시장에 원자로를 짓고 이 이론을 직접 실험했어요. 1942년 12월 2일, 페르미는 끊임없이 이어지는 핵연쇄반응을 만들어냈습니다.

## 안전한가요?

1957년 세계 최초로 상업적인 원자력 발전소가 지어졌어요. 오늘날 원자력 발전소는 전 세계에 450개 가까이 있으며, 지금도 계속 지어지고 있습니다. 덕분에 값싸고 공해도 없는 전기를 쓸 수 있지요. 하지만 사고로 방사능이 유출되면 돌이킬 수 없을 정도로 위험하기 때문에 안전성을 걱정하는 이들도 있어요.

## + 과학자 리제 마이트너(1878~1968)를 만나 봐요

오스트리아 물리학자인 리제 마이트너와 그의 동료 오토 한은 독일에서 함께 연구했어요. 하지만 핵분열(원자력을 방출하는 반응) 발견을 앞둔 상황에서, 유대인이었던 마이트너는 독일에서 도망쳐야만 했어요. 나치당이 점점 세력을 넓히고 있었기 때문이었죠. 그녀는 한과 몰래 연락을 주고받으며 중요한 발견을 해냅니다. 그러나 그녀의 업적은 제대로 평가를 받지 못했고, 1944년 한은 혼자서만 노벨상을 받게 됩니다.

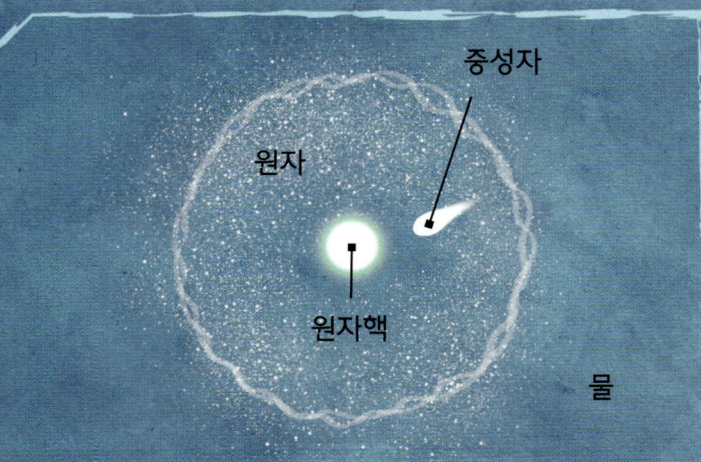

1. 원자로 안에는 우라늄 펠릿(우라늄 광석을 잘게 부수고 불순물을 제거한 뒤 뭉친 알갱이)이 물에 둘러싸여 있어요. 펠릿 안에는 원자가 있으며 이 원자 속 원자핵에 중성자를 쏘는 거예요.

2. 원자핵과 중성자가 충돌하면 핵은 둘로 쪼개져요. 이것이 핵분열이에요.

3. 핵분열로 에너지가 방출되며, 원자에서 다른 중성자도 함께 방출됩니다.

4. 이렇게 방출된 중성자는 다른 원자와 충돌하여 또 핵분열을 일으키고, 이렇게 연쇄 작용이 시작됩니다. 이 모든 핵분열에서 방출된 에너지는 원자로 안에서 제어되고, 우리가 쓸 동력이 되는 거죠.

# 플라스틱으로 만든 바이오 연료

여러분 중에는 발명에 관한 책은 읽고 싶지 않은 사람도 있겠죠? 차라리 직접 발명하는 것이 더 낫겠다고 생각하는 사람도 있을 거예요. 그렇다면 이집트 출신 아자 압델 하미드 파이아드를 주목하세요. 그녀는 2011년 16살의 나이로 돈도 절약하고 환경에도 도움이 되는 완전히 새로운 바이오 연료를 발명했어요. 연구하면서 그에 관한 책도 직접 썼고요.

파이아드는 학교에 다니면서 이집트의 코앞에 닥친 두 가지 문제를 생각하기 시작했어요. 첫 번째는 매년 수백만 톤의 플라스틱이 버려지면서 생기는 문제였어요. 매립지에 묻힌 플라스틱은 분해되지 않으니까요. 두 번째 문제는 이집트에서 화석 연료를 많이 사용한다는 것이었어요. 화석 연료는 재생할 수 없어서 언젠가는 바닥날 수밖에 없거든요.

## 유기물이란?

화석 연료의 한 가지 대안으로는 바이오 연료가 있어요. 동식물의 사체 같은 유기물, 즉 바이오매스로 만드는 연료죠. 에탄올이나 바이오디젤 같은 연료는 바이오매스로 빠르게 생산할 수 있어요. 다만 바이오매스는 그 자체로 화석 연료의 재료가 되지만 만들어지기까지 수백만 년이 걸린다는 단점이 있었어요.

플라스틱을 분해하여 바이오 연료를 만들 수 있겠다고 생각한 것은 파이아드가 처음이 아니었어요. 어쨌든 플라스틱도 화학 연료처럼 한때 살아 있던 유기물로 만들어지는 것이니까요. 다만 분해 과정이 너무 느리고 돈이 많이 들었어요. 이것을 보고 파이아드는 좋은 생각이 떠올랐어요.

그녀는 실험을 통해 알루미늄과 실리콘, 산소가 결합한 알루미노 규산염이라는 무기물이 플라스틱의 긴 분자 사슬을 분해하는 데 도움이 된다는 것을 알아냈어요. 그리고 플라스틱의 분해 과정에서 에탄올이라는 바이오 연료를 만들 때 필요한 메탄, 프로페인, 에테인 가스가 나왔어요. 이 방법을 쓰면 분해 과정도 빠르고, 지금 사용되는 그 어떤 과정보다 비용도 쌌으며, 에탄올 생산량도 많았지요.

파이아드는 자신의 발명을 통해, 버려진 플라스틱으로 1년에 약 900억 원어치의 에탄올을 생산할 수 있을 것으로 계산했어요. 쓰레기로 그렇게 큰돈을 벌 수 있다니요!

### ❓ 여러분이라면?

파이아드보다 더 간단한 방법으로 플라스틱을 재활용하는 방법도 있어요. 바로 플라스틱병으로 에코브릭을 만드는 거예요. 바로 플라스틱병을 깨끗하게 건조된 플라스틱 쓰레기로 채운 뒤 건축에 활용하는 거지요. 집주변에 오래된 플라스틱 물건이 없는지 둘러보세요. 재사용하는 것이 좋을까요, 아니면 다른 유용한 것으로 바꾸는 것이 좋을까요?

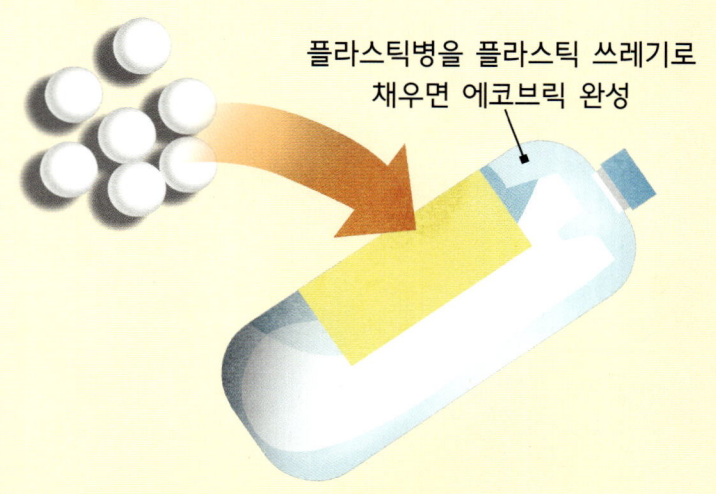

플라스틱병을 플라스틱 쓰레기로 채우면 에코브릭 완성

# 태양전지판

집 지붕에 있는 태양전지판을 본 적이 있나요? 아니면 넓은 땅에 끝도 없이 늘어서 있는 태양전지판이나 국제 우주 정거장은요? 태양전지판은 햇빛을 전기로 바꾸어주는 복잡한 장치예요. 다음 세기쯤엔 지구의 석탄, 석유, 가스가 다 동날 테지만, 태양은 앞으로도 50억 년 동안 빛날 거예요. 앞으로 어느 쪽을 선택해야 할까요?

### 빛에서 에너지를?

빛으로 전기를 생산하는 아이디어는 1839년 프랑스 물리학자 에드몽 베크렐이 처음으로 실험했어요. 베크렐은 화학물질을 혼합하여 빛이 표면에 닿으면 전기를 일으키는 액체를 만들었어요. 지금은 이 과정을 '광전 효과'(또는 '베크렐 효과')라고 부른답니다.

이후 19세기에 이 효과를 이용해 태양전지판의 기초가 되는 태양광 전지를 발명했어요. 미국인 찰스 프리츠는 셀레늄 원소에 얇은 금박을 입혔어요. 빛은 광자라고 불리는 아주 작은 입자로 이루어져 있는데, 이 금이 광자를 흡수하고, 광자는 셀레늄 속 전자를 휘저어요. 그러면 전자가 마구 움직이면서 전류가 생겨나는 거예요.

## 지금 웃는 사람은 누구?

프리츠는 언젠가 자신의 발명품으로 집에 전기를 공급하게 될 것이라고 주장했지만 사람들은 이를 믿지 않았어요. 그래서 그의 발명은 인기를 끌지 못했죠. 당시에는 석탄이 풍부했기에 광전지 연구는 시간 낭비라고 생각했거든요. 그러나 몇몇 과학자들은 셀레늄 대신 실리콘을 이용하는 등 태양광 전지를 개발하기 위해 꾸준히 노력했어요. 과연 1970년대가 되자 문제가 심각해졌어요. 전 세계적으로 석유가 부족해지면서 사람들은 화석 연료가 영원하지 않다는 것을 깨달았죠. 다시 태양광 전지 연구에 힘을 쏟으면서 결국 20세기 말에는 태양전지판이 널리 사용되었어요.

지금 전 세계는 화석 연료를 대체할 재생 가능한 에너지원을 찾고 있어요. 화석 연료를 태울 때 발생하는 이산화탄소가 바로 온실가스인데, 이것이 기후 변화도 일으키거든요. 하지만 태양전지판은 이산화탄소를 배출하지 않고 깨끗한 전기를 생산하죠.

## ❓ 여러분이라면?

어떤 이들은 끝없이 늘어선 태양전지판이 농촌의 풍경을 망친다고 불평해요. 그래서 사람이 거의 살지 않는 사막 같은 곳에 많이 설치하죠. 하지만 네덜란드처럼 작고 붐비는 나라에서는 사람들이 사는 곳 근처에 태양전지판을 설치해야 할 때가 있어요. 태양전지판을 눈에 잘 띄지 않게 숨기면서도 햇빛은 계속 받을 수 있게 할 방법은 없을까요?

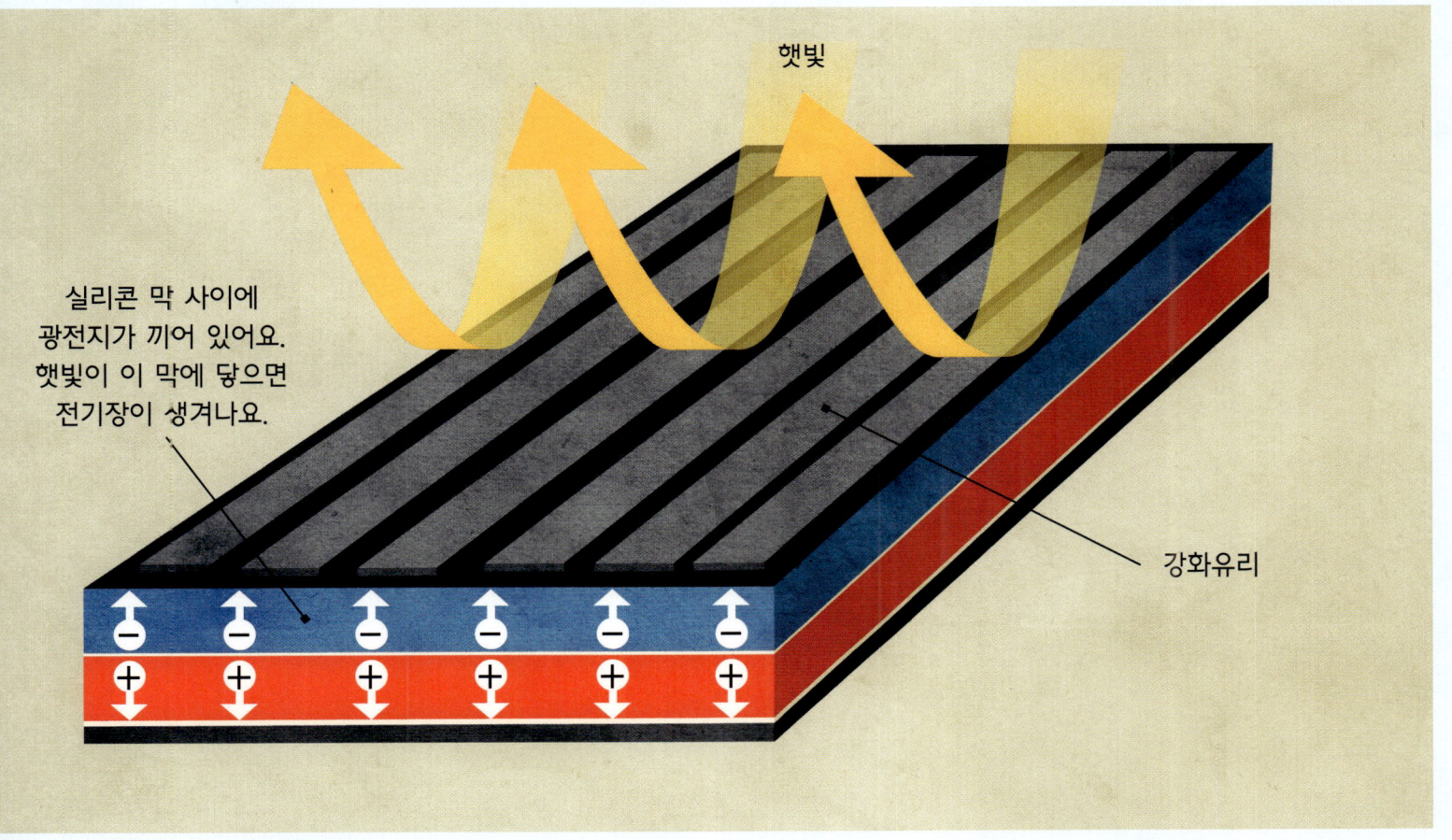

햇빛

실리콘 막 사이에 광전지가 끼어 있어요. 햇빛이 이 막에 닿으면 전기장이 생겨나요.

강화유리

# 배터리

휴대폰과 개구리 다리에는 어떤 연관성이 있을까요? 썰렁한 농담을 하려는 것 아니냐고요? 아니요. 둘은 실제로 배터리라는 연결 고리가 있답니다. 1700년대 후반, 개구리 실험이 없었더라면, 1800년대에 최초의 배터리가 발명되지 못했을 거예요. 그러면 지금 여러분이 휴대폰을 충전하지 못하게 되었을 수도 있고요.

### 움찔움찔

앞에 언급했던 개구리 다리 이야기의 주인공은 이탈리아인 루이지 갈바니였어요. 죽은 개구리의 다리를 서로 다른 종류의 금속으로 건드리자 근육이 움찔하는 것을 본 거죠.

다른 이탈리아인 알렉산드로 볼타는 서로 다른 금속의 결합으로 만들어낸 전류가 근육을 움직였다고 믿었어요. 그리고 이를 증명하기 위해 최초의 배터리를 개발했죠.

볼타는 구리판과 아연판을 교대로 쌓고 판 사이에 바닷물에 적신 헝겊이나 종이를 끼워 넣었어요. 그리고 양 끝을 전선에 연결하자 전류가 흘렀죠. 산성인 바닷물이 아연의 일부를 녹이면, 아연은 일부 전자를 잃으면서 이온이 생겨나요. 그러면 이 이온이 구리에서 전자를 되찾기 위해 종이를 통과하는 거예요. 이 과정에서 전기가 만들어지죠.

### 건조하게

안타깝게도 볼타가 발견한 전지 속 화학 반응은 언젠가 끝나기 때문에 작동이 멈추게 돼요, 배터리 수명이 끝나는 거죠. 그러나 1859년 충전 가능한 배터리가 개발되면서 이 문제가 해결되었어요. 이후 1880년대에 독일 발명가 카를 카스너는 화학 반응을 일으키기 위해 액체 대신 걸쭉한 형태를 이용했어요. 그 결과 오늘날 많은 장치에 사용되고 있는 원통형 건전지가 탄생하게 되었답니다.

### ❓ 여러분이라면?

휴대 장치나 전기 자동차에 사용되는 배터리는 자주 충전을 해줘야 해요. 만약 여러분이 새로운 배터리를 개발한다면, 무엇을 우선순위로 둘 건가요? 배터리 전력을 늘려서 충전을 덜 해도 되게 만들어야 할까요? 아니면 해로운 화학물질을 덜 넣어서 환경친화적으로 만들어야 할까요?

### ➕ 발명가 올가 곤잘레스 사나브리아를 만나 봐요

올가는 푸에르토리코 출신 나사(NASA) 과학자로 국제 우주 정거장(ISS)에서 사용할 오래 가는 니켈 수소 배터리를 개발해 왔어요. 우주 정거장에서는 대부분 태양광 전지를 사용하는데 태양광 전지는 우주 정거장이 햇빛을 받을 수 있는 위치에 있을 때만 작동하잖아요? 하루 중 3분의 1은 직접적으로 햇빛을 받지 못하기 때문에 그동안은 올가 곤잘레스 사나브리아의 고성능 배터리를 이용하지요.

# 우리를 어딘가로 데려가는 발명

## 교통 관련 발명

여러분은 어떤 종류의 교통수단을 이용하나요?
그리고 그것을 타고 어디로 가나요?
교통에 관한 발명이 이루어진 덕분에 우리는 예전보다
더 멀리, 더 빠르게 여행할 수 있게 되었어요.
한 유전학자 말로는 자전거가 지구상에서
가장 중요한 발명품이래요. 왜냐고요?
자전거 덕분에 사람들이 자기 고향을 떠나 더 먼 곳까지
여행할 수 있게 되었거든요. 그들은 새로운 사람을 만나고
때로는 결혼도 했죠. 그렇게 인간의 유전자가 더 다양하게
섞일 수 있게 된 거예요. 좀 황당한 이야기 같나요?
그럼 여러분은 다음 발명품 중 뭐가 가장 중요해 보이나요?

# 증기기관차

영국 기술자 리처드 트레비식이 선로 위를 달리는 최초의 증기기관차를 만들었어요. 그는 기존의 증기기관(10~11쪽 참조)은 기관차를 끌만큼 힘이 세지 않다는 것을 깨닫고, 고압기관을 만들기 시작했죠.

## 철길을 따라

증기기관차가 등장하기 전에도 철로는 화물 운송에 이용되었어요. 주로 광산업 등의 산업 현장에서 무거운 짐을 옮길 때 필요했죠. 철로 덕분에 무거운 짐을 정해진 코스에 따라 끄는 것은 편해졌지만, 말이 끄는 수레는 너무 느렸어요.

트레비식은 여러 차례 시도한 끝에 1804년 웨일스의 전차 선로에서 70명의 승객과 철을 실은 증기기관차를 운행하는 데 성공했어요. 이때 기관차는 사람이 걷는 속력밖에 내지 못했지만, 이후 20년간 이어질 눈부신 성장의 시작이 되어주었죠.

1825년, 조지 스티븐슨이 만든 로코모션이라는 이름의 증기기관차가 450명의 승객을 태우고 약 한 시간 동안 14.5km를 움직였어요. 이후 스티븐슨의 아들 로버트는 초기 증기기관차 중 가장 유명한 로켓을 만들었죠. 로켓은 최고 속력이 시속 50km/h에 달했어요. 그전까지는 그 누구도 그렇게 빨리 이동하지 못했죠.

5. 연기는 굴뚝으로 빠져나가요.

4. 증기 돔이 증기로 가득 차요.

3. 보일러 안의 관이 뜨거워지면서 물을 증기로 바꿔요.

6. 고압의 증기가 피스톤을 앞뒤로 움직여요. 여기에 연결된 피스톤 봉이 바퀴를 돌려요.

## + 발명가 메리 월튼을 만나 봐요

1880년대 뉴욕시에 살던 메리 월튼은 고가 선로를 달리는 기차 소음 때문에 두척 고생했어요. 그래서 그녀는 지하실에 모형 선로를 만들어놓고, 선로가 진동할 때 생기는 소음을 흡수하기 위해 모래를 사용하는 방법을 개발했습니다. 이후 그녀는 발명에 대한 권리를 뉴욕시의 메트로폴리탄 레일로드에 팔았지요.

## 세상을 바꾸다

19세기 유럽과 북아메리카에는 대대적으로 철로가 깔렸어요. 사람들은 예전보다 더 멀리, 더 빠르게 이동할 수 있게 되었죠. 바닷가로 여행 가는 것이 쉬워지면서 새로운 리조트도 많이 건설되었어요. 가게에서 파는 음식도 더 신선해졌죠. 농장에서 가게 선반까지 더 빠르게 이동할 수 있게 되었으니까요.

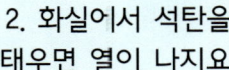
2. 화실에서 석탄을 태우면 열이 나지요.

1. 탄수차에는 석탄과 물을 실어요.

# 연소기관과 자동차

최초의 자동차라고 할 수 있는 기계는 1862년 에티엔 르누아르가 내연기관을 이용해 만든 것이었어요. 엔진 안에서 규칙적으로 전기 불꽃을 일으켜 연소실 안에 있는 가스에 불을 붙이고, 폭발의 힘으로 피스톤을 밀어 차가 움직이게 하는 거예요.

1876년 독일에서 니콜라우스 오토가 이 내연기관을 발전시켜서, 지금까지도 사용되고 있는 4행정 기관을 만들었어요(행정 : 실린더 안에서 피스톤이 왕복하는 거리).

첫 행정에서는 연료와 공기가 연소실로 들어가요. 두 번째 행정에서는 혼합물을 압축하고, 여기에 불꽃으로 불을 붙이면 세 번째 행정에서 피스톤을 밀어내면서 동력을 만들어요. 마지막 행정에서는 피스톤이 다시 안으로 이동하여 사용한 가스를 배기가스로 배출합니다.

빌헬름 마이바흐와 고트리프 다임러는 1889년 오토의 엔진을 이용하여 자동차를 만들었어요. 그들은 기어와 클러치 등 현대의 자동차에 필수적인 요소들도 함께 발명했답니다.

### 벤츠 가족이 몰려온다

마이바흐와 다임러는 잘 몰랐겠지만, 칼 벤츠와 그의 아

내이자 사업 파트너인 베르타 벤츠가 그들보다 한발 앞서고 있었어요!

벤츠 부부는 1885년 3륜 내연기관 자동차를 개발했어요. 아내인 베르타는 고객을 끌기 위해 남편의 도움도 없이 아들 둘을 데리고 100km 떨어진 곳으로 여행을 떠났답니다. 덕분에 자신의 회사를 많은 사람에게 알릴 수 있었어요. 또 여행하면서 맞닥뜨린 문제를 손봐서 자동차도 여러모로 개선할 수 있었죠. 이를테면 언덕을 오르기 위한 기어를 추가한다거나, 브레이크 패드를 적용하는 것처럼 말이죠.

1894년 벤츠의 다음 차, 4륜 벨로가 등장했어요. 이 차는 대규모로 생산된 최초의 자동차가 되었답니다.

### 공장에서 뚝딱

미국 발명가 헨리 포드는 1913년 공장에 조립 라인을 처음으로 도입했어요. 그 덕분에 자동차가 현대 생활의 기초가 될 수 있었답니다. 조립 라인에서는 자동차 일부가 움직이는 벨트 위에서 이동하면 노동자들은 거기에 부품을 조립하기만 하면 되었죠. 93분 동안 45단계만 거치면 차 한 대가 완성됐어요.

### ❓ 여러분이라면?

최근에는 화석 연료에 의존하지 않으면서 오염도 줄이는 전기 자동차, 인공 지능이 차를 모는 무인 자동차 등 혁신적인 자동차가 만들어지고 있어요. 만약 여러분이 새로운 자동차를 발명한다면, 어떤 혁신적인 기술을 도입해보고 싶나요?

# 비행기

비행이라고 하면 보통 날개와 제트 엔진이 달린 비행기를 떠올리죠. 하지만 1783년 프랑스에서 인간이 최초로 하늘을 날았을 때, 그들이 이용한 것은 열기구였어요. 비행기는 그 후 백 년 이상 지나고 나서야 등장했죠.

### 하늘의 개척자 라이트 형제

20세기 초, 오빌 라이트와 윌버 라이트라는 두 형제는 라이트 플라이어라는 것을 만들었어요. 나무 뼈대에 캔버스 천을 붙이고 프로펠러 두 개를 돌릴 수 있는 가솔린 엔진을 장착한 것이었죠. 이들은 날개를 '휘어서' 다른 모양을 만들 수 있도록 철사를 이용했어요. 비행기의 날개는 양력이라는 힘을 만들어내요. 양력은 기압이 높은 곳에서 낮은 방향으로 생기는데 날개 위쪽을 구부리면 공기의 흐름이 변하면서 날개 위의 기압이 낮아져요. 그러면 상대적으로 날개 아래의 기압이 더 높아져서 날개를 위로 밀어 올리는 거예요.

1903년 12월 17일, 라이트 형제는 미국 노스캐롤라이나의 해변에서 네 차례 짧은 비행에 성공했어요. 오빌의 첫 비행은 12초였지만 하루가 끝날 무렵, 윌버가 거의 1분에 가까운 비행에 성공하게 됩니다. 그렇게 비행기 여행의 시대가 열리게 된 거죠.

+ **발명가 오빌 라이트(1871~1948)와 윌버 라이트(1867~1912)를 만나 봐요**

오빌 라이트와 윌버 라이트는 미국 오하이오주 데이턴에 있는 자전거 수리점에서 번 돈으로 비행기를 만들었어요. 1906년 그들은 자신의 '비행 기계'로 특허를 냈고, 1909년에는 비행기 회사도 설립했어요. 형 윌버는 병으로 3년 후에 세상을 떠났지만, 동생 오빌은 1948년까지 살았어요. 그는 미국 정부에 항공술의 발전에 대해서 조언도 했지요. 여동생 캐서린은 별로 알려지지 않았지만, 오빠들을 위해 경제적, 도덕적 지원을 해주었다고 해요. 윌버는 이렇게 말했어요. "보통 세상 사람들은 비행기라고 하면 우리 형제를 떠올리지만, 사실 우리 여동생 캐서린을 기억해야만 한다."

## 세상을 바꾸다

비행기는 여러모로 세상을 변화시켰어요. 20세기 전쟁에서는 전투기와 폭격기가 필수적인 역할을 했죠. 비행기 덕분에 우편배달도 빨라졌고 전 세계로 빠르게 상품을 보낼 수 있게 되었죠. 또 관광업이 발달하여 선조들이 상상했던 것보다 훨씬 더 멀리 여행을 할 수 있게 되었어요. 대서양을 혼자 건넌 최초의 여성 비행사, 아멜리아 에어하트 같은 탐험가도 비행기가 없었다면 탄생하지 못했겠죠.

# 헬리콥터

불쌍한 폴 코르누도 잊지 말아 주세요. 이 프랑스 기계공은 회전 날개를 사용하여 땅에서 수직으로 날아오르는 비행기를 처음으로 설계했어요. 1907년 코르누는 한 쌍의 회전 날개가 달린 기계를 만들어서 비행해봤지만 겨우 20초 만에 비행이 끝나버렸고 비행기는 착륙하자마자 다 부서졌어요. 코르누는 결국 자신의 본래 직업인 자전거 만드는 일로 돌아갔답니다.

### 조종사를 구하라

500년도 더 전에, 이탈리아 예술가 레오나르도 다빈치는 나선형 회전 날개를 이용해 땅에서 떠 오르는 기계를 설계했어요. 하지만 실제로 만들어진 적은 없었죠. 몇 세기 후, 코르누의 비행은 발명가들이 어려운 문제가 무엇인지 그대로 보여주었어요. 이륙에 필요한 만큼 동력을 만들어 내기 위해서는 회전 날개가 길어야 하고 회전 속도도 굉장히 빨라야 했어요. 그런데 이렇게 되면 비행기가 불안정해지는 단점이 있었어요. 일단 땅에서 떠오르긴 해도 쉽게 뒤집히거나 제멋대로 회전해버리는 거죠.

### 위로, 더 위로...

1920년대와 30년대에 수많은 발명가가 헬리콥터의 조상에 해당하는 것을 만들어냈어요. 그러다 진짜 제대로 된 헬리콥터가 미국에서 탄생했어요. 러시아 출신 학생이었던 이고르 시코르스키가 라이트 형제의 비행기 발명 소식을 듣고 그 자리에서 기술자가 되겠다고 마음먹은 거예요. 그는 헬리콥터를 설계해 보려고 노력했지만, 당시의 기술로는 만드는 비용이 너무 많이 들었기에 자신의 아이디어를 잠시 접어두기로 했어요.

### ...그리고 결국 성공!

대신 시코르스키는 1차 세계 대전이 끝나고 미국으로 이민 가기 전, 엔진이 네 개 달린 비행기를 처음으로 발명했어요. 이후에도 수직으로 이륙하는 비행 기계를 계속 연구하다가, 1939년 드디어 VS-300을 만들어 날렸어요. 회전 날개 크기는 줄이고, 안정적인 비행을 위해 수직 꼬리 날개를 추가했죠(혹시나 제멋대로 날아갈까 봐 헬리콥터를 땅에 묶어두고 실험했대요). 그 후 그는 세계 최초로 대량생산된 헬리콥터, R-4도 만들었어요.

### 전쟁 중의 발명

헬리콥터는 멀리 떨어진 지역에 있는 사람을 구출할 때, 또는 관광을 할 때 등등 다양한 용도로 사용해요. 하지만 특히 군대에서 인기가 많죠. 다른 지역 또는 바다 위의 큰 배에 군인이나 물건을 옮겨줄 때 헬리콥터를 이용하거든요. 회전 날개가 둘 달린 대형 헬리콥터는 탱크나 다른 운송 수단까지 운반할 수 있죠. 아파치 롱보우 헬리콥터처럼 큰 것은 한 대 가격이 무려 600억 원이 넘는다니, 조종사가 무척 조심해야 할 것 같아요.

# 자기부상열차

세계에서 가장 빠른 여객 열차는 중국 상하이의 자기부상열차입니다. 엔진이나 바퀴 없이 시속 430km까지 달릴 수 있대요! 자기부상열차란 자기력을 이용해 기차를 선로 위에 띄워서 움직이는 열차로, 굉장히 강력한 자석을 이용해요. 기차가 선로에 닿지 않기 때문에 속력을 줄일 때 마찰력도 적고, 또한 최고 속력도 쉽게 낼 수 있어요.

### 마술 같은 자석

서로 반대되는 사람들끼리 더 끌린다는 말 들어봤나요? 자석의 경우가 특히 그래요. 자석에는 N극과 S극이 있어요. 이 자석 여러 개를 함께 놓으면 반대되는 극(N과 S)은 서로 끌어당기고, 같은 극(N과 N)은 서로 밀어냅니다. 20세기 초부터 과학자들은 자석을 이용해 땅 위를 '날아다니는' 기차를 만들 수 있을 것으로 생각했어요.

### 그것이 바로 반발력!

하지만 이는 그냥 이론일 뿐이었죠. 당시엔 기차를 움직일 수 있을 만큼 강력한 자기장을 만들어낼 기술이 없었거든요. 그러던 중 1967년 미국의 물리학자 두 명이 이 문제를 해결했어요.

열차 아래에 붙어있는 전자석이
선로 위에 있는 전자석과 반응을 해서,
열차를 선로 위로 띄우고
앞으로 나아가게 해준답니다.

　고든 댄비와 제임스 포웰은 초전도체 전자석을 이용하는 방법으로 특허를 획득했어요. 초전도체는 보통 전도체보다 훨씬 높은 전류를 운반하기 때문에 예전보다 훨씬 강력한 자기장을 발생시킬 수 있었어요. 그래서 선로 위에 자기부상열차를 띄우고 앞으로 나아가게 하는 것도 가능해졌죠.

## 다시 기본으로

　최초의 승객용 자기부상열차는 1984년 버밍엄 국제공항에서 운행되었어요. 하지만 당시엔 자기부상열차가 별로 필요하지 않았어요. 보통 선로에서 달리는 열차도 충분했고 그 속도도 점점 빨라지고 있었거든요. 굳이 더 빠른 열차가 필요하지 않았던 거예요!

## 굳이?

자기부상열차는 엄청난 속력 외에도 많은 장점이 있어요. 하지만 굳이 선로를 깔려는 나라가 많지 않았어요. 대부분의 나라에는 이미 일반적인 철도망과 역이 갖추어져 있었기 때문에, 완전히 새로운 철도 시스템을 많은 비용을 들여가며 만들 필요가 없었던 거예요. 상하이 자기부상열차만 해도 1.6km당 건설비용이 600억 원이 넘었대요.

# 드론

무인항공기(UAV)라고도 하는 드론은 스스로 날아다니거나 리모컨으로 조종하는 로봇 항공기입니다. 오늘날 드론은 농작물에 무언가를 뿌리거나, 익스트림 스포츠를 촬영하거나, 자연재해 후에 사람을 돕는 용도로 사용하고 있어요. 하지만 처음에 드론을 만든 것은 전쟁에 이용하기 위한 나쁜 의도 때문이었죠.

1차 세계 대전에서 처음으로 전투기가 널리 이용되었지만, 전투기 조종은 너무나 위험한 일이었어요. 그래서 조종사 없이 혼자서 날 수 있는 무선 조종 항공기를 개발했어요. 땅에 있는 조종사가 리모컨으로 보낸 신호가 수신기를 거쳐 항공기의 움직임을 조종하는 거예요. 조종이 아주 정확하지는 않았지만 상관없었어요. 왜냐하면, 최초의 드론은 적의 항공기를 쏘아서 떨어뜨리는 연습을 하기 위한 목표물 역할이었거든요.

2차 세계 대전을 거치며 드론은 훨씬 더 정교해졌어요. 미국 해군은 드론에 TV 카메라를 연결해 땅에 있는 조종사가 드론의 위치를 확인할 수 있게 만들었어요.

## 다시 관심을 끈 드론

1982년 이스라엘이 항공기끼리의 전투에 드론을 이용하면서, 드론에 대한 관심이 새롭게 커졌어요. 1980년대 말, 미국 육군은 MQ-1 프레데터라는 자신들만의 드론을 개발했어요. 무선 신호가 위성을 거쳐 전달되기 때문에, 프레데터가 세계 어느 곳에 있던지 상관없이 미국 기지에서 조종할 수 있게 되었죠.

미리 정해둔 비행경로를 따라가면서 촬영하도록 프로그램을 짤 수도 있었어요. 드론의 새로운 세대가 열렸다고 해도 과언이 아니었지요. 어떤 것들은 여객기처럼 큰 것도 있고 몇 시간 동안 쉬지 않고 날 수 있는 것들도 있었어요. 새로운 드론은 미사일뿐만 아니라 비디오와 스틸 카메라도 실을 수 있었어요. 미국에 있는 조종사가 드론을 높이 띄워 땅 위에 있는 목표물을 찾아서 미사일을 날릴 때까지, 막상 땅에서는 드론을 발견하지도 못하는 경우가 많았어요. 2001년 이후 테러와의 전쟁에서, 드론은 수많은 적군을 살해했지만, 또 그만큼 아무 죄 없는 사람들의 생명도 많이 앗아갔답니다.

## ? 여러분이라면?

사람들이 각자 자신만의 드론을 가지면 어떻게 될까요? 여러분은 그 드론을 어디에 활용할 건가요? 강아지 산책을 시킬 건가요? 강아지 똥을 담을 수 있게 비닐봉지를 매달까요? 드론에 어떤 것들을 붙일 수 있을까요? 여러분의 마음속에 떠오르는 드론을 디자인해 보세요. 그것을 실제로 만들 수 있는 기술이 존재하나요?

## + 발명가 아브라함 카렘(1937~)을 만나 봐요

아브라함 카렘은 '드론의 아버지'라고 불리곤 했어요. 그는 이라크에서 태어났지만 이스라엘에서 자랐고 어린 시절 직접 모형 비행기를 만들었어요. 대학에서 항공 공학을 공부한 후, 그는 이스라엘 공군을 위해 드론을 제작했어요. 이후엔 미국으로 건너가 앰버라는 이름의 드론을 개발했는데, 이 앰버가 이후에 프레데터가 되었지요.

# 우주 로켓

(인공위성·인공행성·달 탐사선 등 우주 비행체를 쏘아 올리기 위해 사용하는 로켓)

우주는 넓고도 넓어요. 달은 꼬박 3일을 날아가야 닿을 수 있고 화성까지는 우주선을 타고 8개월을 가야 해요. 태양에서 가장 가까운 별(항성), 센타우루스자리의 프록시마성까지 가려면 몇천 년이 걸린대요.

1800년대 후반, 통나무집에 살던 러시아인 교사 콘스탄틴 치올콥스키는 우주여행을 다룬 초기 공상 과학 소설에 큰 감명을 받았어요. 특히 달 여행에 흠뻑 빠져서 어떻게 하면 로켓을 이용해 우주로 나갈 수 있을지 고민했지요. 그는 로켓을 발사할 때는 액체 연료를 사용하고, 비행 중에는 분리되는 다단식 로켓을 만들기로 했어요. 치올콥스키는 많은 모형 로켓을 만들었지만, 실제로 발사에 성공하지는 못했어요.

## 5, 4, 3, 2, 1...

최초의 현대식 로켓은 1926년 처음으로 이륙에 성공했어요. 미국인 기술자 로버트 고다드가 넬이라는 이름의 3미터짜리 로켓을 발사한 거예요. 휘발유와 액체 산소를 연료로 하는 이 로켓은 12m를 날아올랐다가 폭파됐어요. 고다드는 수백 년 전 중국인들이 불꽃놀이에 이용했던 원리를 그대로 활용했어요. 관 안에서 화약을 태우면 그 가스가 한쪽으로 분출되면서 로켓은 그 반대 방향으로 날아가는 원리였지요.

## 떠올랐다!

2차 세계 대전 동안, 독일 과학자 베르너 폰 브라운은 V-2 미사일을 설계했어요. 액체 연료를 이용하는 이 미사일은 지구에서 100km 상공까지 날 수 있었죠. 전쟁이 끝난 후 폰 브라운은 미국으로 가서, 우주 비행사가 탑승할 수 있는 로켓 개발에 몰두했어요. 1969년 그가 설계한 새턴 로켓은 최초로 달까지 우주 비행사를 실어 날랐어요.

이후로 많은 사람이 로켓 과학을 발전시키기 위해 열심히 일했어요. 예를 들어 아프리카계 미국인이었던 애니 이즐리는 수학자이자 프로그래머로서 나사에서 일했어요. 그녀는 나사의 켄타우로스 로켓 개발에 참여했고, 이 로켓은 100개가 넘는 위성과 탐사선 발사에 사용되었어요.

## + 발명가 메리 셔먼 모건(1921~2004)을 만나 봐요

메리 셔먼 모건의 도움이 없었더라면 미국의 우주 비행사들은 우주로 나가지 못했을 거예요. 그녀는 900명의 남성 과학자들 사이에서 일하는 유일한 여성 분석가였어요. 대학 학위가 없는데도 로켓 연료를 설계해 수많은 우주선을 발사할 수 있게 만들었답니다.

# 우리를 더 가깝게 만드는 발명

## 정보와 통신 관련 발명

인간은 사회적인 동물로, 말과 글, 사진이나 인스턴트 메시지를
이용해 서로 의사소통하는 것을 좋아합니다.
통신과 관련된 발명 덕분에 사람들이 생각과 아이디어를
나누는 방법이 많이 변했어요. 1400년대 인쇄기가 널리
퍼지면서 도서관에는 책이 가득 찼고, 텔레비전의 발명으로
수많은 관중이 실시간으로 여러 사건을 지켜볼 수 있게 되었죠.
인터넷은 스트리밍 콘텐츠부터 소셜 미디어까지
사람들이 의사소통하는 방식에 혁신을 일으키고 있어요.
그런데 이런 발전이 긍정적이기만 할까요?

# 인쇄기

인쇄기가 발명되지 않았더라면 여러분은 지금 이 책도 읽지 못하고 있겠죠. 인쇄기란 종이에 글과 그림을 찍어내는 기계이고, 이것으로 책과 신문 그리고 전단지와 포장지까지 만들 수 있어요. 인쇄기가 발명되기 전에는 책을 손으로 직접 써서 만들어야 했기 때문에 한 번에 한 권밖에 만들 수 없었어요. 시간이 너무나 오래 걸리고 그만큼 비쌌기 때문에 책은 부자들만 살 수 있었어요.

### 초기의 인쇄

세계 최초의 인쇄법은 1200년 전 아시아의 승려가 개발했어요. 글씨를 새긴 목판에 잉크를 바르고 그 위에 종이를 찍어내는 방법이었죠. 11~13세기 중국에서 점토로 만든 활자가 개발되긴 했지만 널리 이용되진 못했어요. 비슷한 시기 유럽에서는 목판 인쇄를 주로 이용했으나 그 과정은 여전히 느리고 돈도 많이 들었답니다.

1450년 요하네스 구텐베르크가 금속 활자를 사용한 인쇄기를 발명하면서 이 모든 것이 싹 바뀌었어요. 구텐베르크는 기존의 발명품을 바탕으로 새로운 인쇄기를 만들어냈고, 그 결과 훨씬 더 빠르고 훨씬 더 싸게 책을 만들 수 있게 되었어요.

### 점점 더 빨리

틀 안에 서로 다른 금속 활자를 배열해서 책 한 쪽의 내용을 완성해요. 롤러로 글자 위에 잉크를 묻히고, 그 위에 종이 한 장을 올려요. 무거운 금속판을 위에 얹고 나사로 고정한 뒤 종이를 세게 누르면, 잉크가 종이에 찍히게 돼요. 그쪽을 (한 장 또는 수천 장) 인쇄하고 나면, 금속 활자를 다시 다 분리한 후, 그다음 쪽 내용에 맞게 재배열하는 거예요. 구식 목판은 하루에 50쪽밖에 인쇄하지 못했지만, 구텐베르크가 발명한 인쇄기로는 같은 시간에 수천 장을 인쇄할 수 있었답니다.

### 세상을 바꾸다.

구텐베르크의 발명 덕분에 이제 더 싸고 빠르게 책을 만들 수 있게 되었고, 중산층도 충분히 책을 살 수 있게 되었어요. 역사상 처음으로, 많은 사람이 글 읽는 법을 배우게 되었고, 지식과 생각이 말이 아닌 글을 통해 빠르게, 멀리 퍼지게 되었어요. 아직 가난한 사람들은 읽는 법을 배우지도, 책을 사지도 못했지만, 그래도 변화가 시작된 거예요. 시간이 갈수록 점점 더 많은 사람이 서로 정보를 공유하게 되었지요.

# 전신기

아주 오랫동안, 먼 곳까지 메시지를 전달하는 속도는 사람이 뛰거나 말이 달리는 속도를 능가하지 못했어요. 봉화를 피우거나 깃발을 흔드는 것으로는 '도와줘, 내 깃발이 불타고 있어!' 정도의 간단한 내용밖에 전달하지 못했고요. 하지만 1830년대 전신기의 발명으로 모든 것이 바뀌었어요. 몇 초 만에 전국으로 메시지를 보낼 수 있게 되었어요. 이제 정말 세상이 변한 거죠.

전신기는 전류를 이용하여 전선을 통해 메시지를 보내요. 전자석이 전선 속 전기 진동을 자기장으로 바꾸면, 목적지에서는 자기장이 메시지를 나타내는 신호로 바뀌는 거예요.

## 모스부호

초기 전신기는 너무 느렸기에 미국 발명가 사무엘 모스가 더 나은 시스템을 발명하기 위해 노력했어요. 그는 기술자 알프레드 베일과 협력하여 점과 선, 즉 짧고 긴 진동의 조합을 이용하여 각각의 알파벳을 나타내는 부호를 만들어냈어요. 모스는 미국 의회에 전신기를 설치하도록 하고, 최초의 메시지를 그곳으로 보냈죠. 이 시스템은 모스부호라는 이름으로 알려지게 되었어요. 베일도 크게 이바지했는데 그의 이름은 빠졌네요!

### 바늘로 콕콕콕

실용적인 전신기를 만들고 싶었던 영국 발명가 두 명이 각각 스페인과 독일에서 실험을 했어요. 한쪽에서 전기 진동을 보내면 이것이 전선을 타고 반대편 장치까지 전달되었어요. 그러면 다섯 개의 자석 바늘 중 하나가 움직여서 다이아몬드 모양으로 배열된 알파벳 중 하나를 가리키는 식이었지요. (알파벳을 20개밖에 쓰지 못했기 때문에 C, J, Q, U, X, Z는 적지 못 했대요!) 1839년까지 영국에서는 철도 공사를 할 때 이 기술을 이용했어요.

### 전국에 걸쳐서

철도와 전신기는 동시에 발전했어요. 혹시 기차가 사고가 나거나 늦어지면 뒤따라오는 기차에 전신기로 연락하여 추돌 사고를 막을 수 있게 된 거죠. 그뿐만이 아니었어요. 미국은 워낙 넓어서 기차를 타고 나라를 횡단하는 데 꼬박 일주일이 걸렸지만, 전신기의 발전 덕분에 사람들은 새로운 소식을 훨씬 더 빠르게 접할 수 있게 되었어요. 철도와 전신기가 힘을 합쳐 서해안과 동해안을 빠르게 연결해 준 거예요.

### ❓ 여러분이라면?

모스부호는 각 글자를 상징하는 신호를 이용하여 메시지를 전달하는 방법이에요. 혹시 여러분만의 부호도 만들어 낼 수 있을까요? 휴대폰에 있는 이모티콘이나 다양한 색깔을 이용하는 것은 어떨까요? 각각의 알파벳마다 서로 다른 부호를 만드는 것은 너무 느리고 기억하기도 어려우니까, 이모티콘이나 색깔을 다양하게 조합해 보는 거죠.

# 무선통신

1864년 스코틀랜드 물리학자 제임스 클러크 맥스웰은 지금 우리가 '전자기파'라고 부르는 전기와 자기에 의한 파동이 우주로도 뻗어 나갈 수 있을 것으로 예언했어요. 20년 후, 독일 물리학자 하인리히 헤르츠는 맥스웰이 옳았음을 증명했어요. 하지만 이 발견을 어디에 이용할 수 있느냐고 묻자 헤르츠는 대답했죠. "아마, 아무 데도 없는 것 같아요." 제아무리 뛰어난 과학자라도 가끔은 멍청할 때가 있는 것 같군요!

### 전선은 필요 없어

전신기도 물론 훌륭한 발명품이었지만 전신기를 이용하려면 전선과 전봇대가 너무 많이 필요했어요. 전선이 필요 없는 의사소통 방법이 있다면 정말 좋을 것 같았죠. 자신만의 무선통신 시스템을 가장 먼저 개발한 것은 세르비아 출신 미국인 니콜라 테슬라였지만, 그것을 더 발전시킨 것은 이탈리아인 굴리엘모 마르코니였어요. 1894년 마르코니는 무선으로 전신 부호를 보내기 시작했어요. 그는 곧 송신기, 수신기, 커다란 안테나 두 개를 이용하여 2.4km까지 무선 부호를 보낼 수 있게 되었죠.

이탈리아 정부는 그의 발명을 인정해주지 않았기에 그는 영국으로 갔고, 영국의 육군과 해군은 이 기술을 보고 굉장히 반가워했어요. 마르코니는 1899년에는 영국에서 프랑스까지, 1901년에는 대서양을 넘어서 미국까지 무선 신호를 보내는 데 성공했지요. 무선통신은 전 세계에 걸친 거대한 대영 제국을 하나로 통합시키는 데 도움을 주었습니다.

**연속파**

마르코니의 발명품은 오로지 전기 신호만 전달할 수 있었어요. 인간의 목소리를 보내기 위해서는 끊임없이 진동하는 전파, 즉 연속파가 필요했죠. 이 기술은 1900년 캐나다 출신 미국인 기술자 레지널드 페센든이 발명했어요. 최초로 전파를 타고 전해진 그의 목소리, 과연 그는 뭐라고 했을까요? "안녕하세요, 하나, 둘, 셋, 넷."

무선통신은 빠르게 발전했어요. 미국인 리드 포레스트는 약한 신호를 증폭시키는 특별한 진공관을 발명했고, 그린리프 피카드는 규소 결정을 이용하여 특정한 신호를 우리가 들을 수 있게 바꿔주는 라디오 수신기를 개발했어요. 최초의 상업적인 라디오 쇼는 1920년 11월 미국 피츠버그에서 처음 방송됐어요. 그 후 4년 만에 전국에는 600개가 넘는 라디오 방송국이 생겨났죠.

## 세상을 바꾸다.

무선통신 덕분에 장군이 부대원에게 명령을 내리거나 배나 비행기에 현재 위치를 알려주는 일이 쉬워졌어요. 집마다 음악, 드라마, 스포츠 중계 등을 전달할 수 있기에 라디오가 인기 있는 오락거리가 되기도 했죠. 초기엔 헤드폰이 있어야 라디오를 들을 수 있었지만, 1920년대 초반 스피커가 추가되면서 온 가족이 라디오 주위에 모여앉아 세계의 소식을 전해 들을 수 있게 되었어요.

# 전화

1876년 2월 14일 한 변호사가 워싱턴 DC의 특허 사무실에 찾아와서는, 전화기로 특허를 받을 수 있냐고 물었어요(특허를 내면 사람들이 함부로 아이디어를 훔치지 못해요). 그는 스코틀랜드 발명가 알렉산더 그레이엄 벨을 대신해서 왔다고 했죠. 그런데 바로 몇 시간 뒤, 다른 변호사가 찾아와 역시나 전화기에 대한 특허를 요청했어요. 미국 발명가 엘리샤 그레이의 변호사였죠.

### 누가 먼저인가?

두 사람은 거의 같은 것을 발명한 듯했어요. 그레이도 요청했지만 3주 후 특허권을 획득한 것은 벨이었어요. 실제로 전화기를 만들기도 전에 특허부터 받은 거죠. 며칠 후 벨은 최초로 전화기를 이용하여 옆방에 있는 조수와 통화하는 데 성공했어요. 그는 이렇게 말했어요. "왓슨 군, 이리 와주게. 도움이 필요하네."

### 어떻게 시작되었나

벨은 청각장애인을 가르치고 있었기에 사람이 소리를 듣는 원리에 관심이 많았어요. 그는 전기를 이용한 전신기가 진동을 전달할 수 있다면 사람의 목소리도 전달할 수 있을 것으로 믿었어요. 그는 스스로 전기에 대한 지식이 부족함을 깨닫고 전기 기술자 토마스 왓슨을 고용했어요. 1876년

두 사람은 사람의 목소리에서 나오는 음파가 얇은 철판에 진동을 일으키는 장치를 만들었어요.

그러면 이 철판은 스프링과 자석을 움직이고, 그 진동과 일치하는 전하를 생성해요. 전하는 전선을 따라 반대편으로 이동하고, 거기에서 지금까지의 과정이 거꾸로 다시 한 번 일어나는 거예요.

### 법정에서 봅시다!

벨과 왓슨은 이 장치를 telephone이라고 불렀어요. 고대 그리스어로 tele는 '멀리 떨어진' phone은 '목소리'라는 뜻이었죠. 엘리샤 그레이와 다른 발명가들은 자기들도 전화기를 발명했다고 계속 주장했어요. 벨의 회사는 20년 넘도록 자신의 특허권을 지키기 위해 587건의 소송을 벌여야 했지요. 이런 논쟁이 벌어졌어도 전화기는 금세 인기를 끌었어요. 1900년까지 미국에 60만 대가 넘는 전화기가 설치되었어요. 1915년에는 북아메리카 전체에 전화 시스템이 쫙 깔렸죠.

### + 발명가 알렉산더 그레이엄 벨 (1847-1922)을 만나 봐요

벨은 전화기를 포함해 많은 장치를 발명했어요. 그가 만든 음향 전신기는 동시에 여러 개의 메시지를 보낼 수 있었어요. 날개가 달려 있어 선체가 물 위로 떠 오르는 고속 모터보트, 수중익선도 설계했으며, 폐가 약한 사람이 호흡을 더 쉽게 할 수 있도록 돕는 기계도 만들었어요. 그는 최초의 무선 전화기뿐만 아니라 좀 더 발전된 축음기도 만들었답니다.

# 사진기

여러분은 좋아하는 배우, 가수, 스포츠 선수의 외형만 보고도 그를 알아볼 수 있나요? 사진이 있으니 당연히 할 수 있겠죠! 하지만 누군가를 그림으로만 봐야 한다고 상상해 보세요. 화가의 실력이 좋지 않으면 실제 인물과 전혀 다른 그림이 완성될 수도 있었어요. 하지만 이젠 사진기 덕분에 그럴 일이 없어졌어요.

1826년경 프랑스인 조제프 니세포어 니엡스가 최초로 색이 변하지 않는 사진을 찍었어요. 약 1세기 전, 독일인 화학자 요한 슐츠는 은과 다른 화학물질의 혼합물이 햇빛에 노출되면 까맣게 변한다는 것을 알아냈어요. 하지만 니엡스는 은 대신 역청이라는 기름 성분의 물질을 이용했고, 자기 집 창밖으로 보이는 풍경을 흐릿하게 담아내는 데 성공했어요. 이 사진을 찍기 위해 니엡스는 간단한 나무 상자에 작은 구멍이 뚫려 있는 카메라 옵스큐라를 이용했어요. 그리고 상자 안에 역청으로 코팅한 금속 접시를 놓아두었어요. 몇 시간 뒤 햇빛에 노출된 접시 부분이 굳으면서 최초의 사진이 되었어요.

### 자, 웃으세요(오랫동안요!)

비슷한 시기 니엡스의 동료 루이 다게르는 새로운 방법으로 변하지 않는 이미지를 만들어내는 데 성공했고, 이를 다게레오타이프라고 불렀어요. 그는 은이 코팅된 은판을 이용하여 최초의 초상화를 찍었어요. 하지만 사진이 찍히는 사람은 은판에 빛을 모으는 10분 동안 꼼짝도 못 하고 앉아 있어야 했답니다. 1839년에는 상업적으로 판매된 최초의 사진기, 지로 다게레오타이프도 나왔어요. 한편 영국인 윌리엄 헨리 폭스 탤벗은 하나의 이미지로 여러 장의 사진을 인화하는 방법을 개발했어요.

### 점점 더 빠르게, 찰칵

사진기는 끊임없이 발전하고 있었지만, 여전히 느리고 번거로웠어요. 사진 찍을 때 필요한 화학물질을 말려서 제 자리에 고정시켜야 했거든요. 1870년대에 빛에 더 예민하고 '건조한' 젤라틴 건판이 발명되자, 좀 더 빠르고 쉽게 사진을 찍을 수 있게 되었어요. 1889년 미국 발명가 조지 이스트먼은 투명필름을 발명했고, 이것을 두루마리 형식으로 만들어 코닥 카메라에 사용했죠. 카메라를 손에 들고 다닐 수 있게 되자 사람들은 자신이 원하는 것을 언제 어디서든 사진에 담을 수 있게 되었어요.

## 디지털 사진

오늘날 사람들은 매년 1조 2천억 장 이상의 사진을 찍어요. 대부분은 디지털 장치를 이용한 사진이죠. 그래서 사진 이미지가 옛날처럼 감광판이나 필름에 기록되는 대신 컴퓨터 파일로 저장된답니다. 최초의 상업적인 디지털 카메라는 1981년 판매를 시작했어요. 휴대폰에 내장된 카메라 역시 같이 발전하고 있고요.

# 텔레비전

TV만 켜면 소파에 앉은 채로 뉴스를 확인할 수도, 영화를 볼 수도, 스포츠를 즐길 수도 있어요. 정말 간편하죠! 하지만 텔레비전이라는 기계는 무척이나 복잡하며, 그 발명 과정도 그러했어요. 1920년대와 30년대 전 세계의 발명가들은 각자 서로 다른 방식으로 이 장치를 만들어내고 있었어요.

영국인들은 평균적으로 매일 4시간 가까이, 미국인들은 7시간 이상 TV를 본대요. TV를 보는 동안 여러분의 눈은 뇌를 속여요. 실제로는 1초에 50번 이상 바뀌는 정지된 사진의 연속이지만 뇌에서는 그것이 매끈하게 움직이는 것으로 보이거든요. 또 각각의 사진은 픽셀이라고 불리는 아주 작은 점으로 이루어져 있죠.

### 여러 가지 채널

1924년 스코틀랜드 발명가 존 로지 베어드는 구멍 뚫린 원판을 회전시켜 정지된 화면을 스캔하게 했어요. 이것을 전파 신호 형태로 전송하면 수상기에서 다시 이미지로 바꾸는 과정을 거치는 식이었죠. 영국 BBC 방송국에서는 베어드의 시스템을 채택했고, 1936년부터 흑백 TV 방송을 시작했어요.

1937년 미국 발명가 필로 판스워스는 훨씬 고화질의 이미지를 만들어낼 수 있는 전자 공학 기술을 개발했어요. 또 러시아 출신 미국인 발명가 블라디미르 즈워리킨은 완전히 새로운 방식으로 텔레비전 신호를 보내는 법을 만들었고요. 1954년에는 최초의 컬러 TV가 판매되기 시작했어요.

### 브라운관 없는 TV

최초의 TV 수상기는 브라운관 형식이었어요. 가열된 전기 단자가 인광 물질로 코팅된 스크린에서 전자라고 불리는 입자를 발사해요. 그러면 인광 물질이 빛을 내면서 화면에 그림을 만들어내는 거예요. 현대의 고화질 평면 TV는 작동 방식이 달라요. 대부분은 액정표시장치, 즉 LCD예요. 액정은 서로 다른 양의 빛을 통과하게 하여 화면에서 서로 다른 색을 내도록 하는 방식입니다.

### 세상을 바꾸다.

텔레비전은 역사상 가장 영향력이 큰 발명품 중 하나에요. TV 덕분에 전 세계의 사람들이 1953년 엘리자베스 2세 여왕의 대관식이나 1969년 달 착륙 같은 사건을 함께 목격할 수 있었죠. 정치와 경제에도 큰 영향을 주고 있어요. 정치인은 자기 생각을 TV를 통해 알리고, 광고주는 TV로 물건을 팔죠. 여러 세대에 걸쳐 사람들에게 무언가를 가르치기도 했고 즐거움을 주기도 했어요.

# 컴퓨터

컴퓨터는 복잡한 수학을 쉽게 풀 수 있게 해주기도 했지만, 어마어마한 양의 정보를 처리하고 저장하는 역할도 하지요. 그런데 컴퓨터를 발명한 사람이 누구냐고요? 당신이 생각하는 컴퓨터가 무엇인지에 따라 달라질 수 있어요.

'컴퓨테이션(computation)'은 단순히 계산을 의미하며, 계산할 줄 아는 기계라면 '컴퓨터'라고 부를 수 있어요. 1830년대, 영국 기술자 찰스 배비지는 '차분 기관'이라는 기계식 계산기를 설계했어요. 여기에 흥미를 느낀 영국인 수학자 에이다 러브레이스는 차분 기관을 프로그래밍하는 방법을 생각해냈고, 최초의 컴퓨터 프로그램 언어를 만들었어요.

### 승리를 위하여

하지만 대부분의 사람들이 생각하는 컴퓨터는 임무를 수행하고 메모리에 정보를 저장할 수 있는 전자 장치를 말해요. 이런 컴퓨터가 최초로 나온 것은 2차 세계 대전 중이었어요.

1941년 독일 기술자 콘라트 추제는 항공기 설계에 필요한 계산을 하는 전기 컴퓨터를 개발했어요. 추제의 Z3은 최초의 프로그램 제어 컴퓨터였어요.

영국의 수학자 앨런 튜링은 암호 해독 컴퓨터를 개발해서 2차 세계 대전 동안 독일의 비밀 메시지를 해독하는 데 이바지했죠.

## + 발명가 그레이스 호퍼(1906~1992)를 만나 봐요

그레이스 호퍼는 미국에서 최초의 프로그램 제어 컴퓨터를 만들기 위해 일하다가, 이후에 최초의 상용 컴퓨터 언어인 코볼(COBOL)을 개발했어요. 코볼의 탄생으로 이제 수학자뿐만 아니라 누구라도 프로그래머가 될 수 있었어요! 그녀는 컴퓨터 하드웨어나 소프트웨어에 있는 에러를 제거한다는 뜻의 '디버깅'이라는 용어도 만들었다고 하는데, 진짜로 컴퓨터 안에 들어 있던 나방을 잡은 데서 시작된 말이라고 해요.

### 대단한 PC야!

이런 초창기 컴퓨터는 방 하나를 꽉 채울 만큼 컸어요. 하지만 1947년 트랜지스터라는 전기 부품의 발명으로 크기가 확 줄어들었어요. 아주 작은 집적회로에 어마어마한 양의 계산 능력을 담을 수 있게 되었거든요. 1970년대 최초의 개인용 컴퓨터(PC)의 등장으로 컴퓨터는 더 작아졌고, 80년대와 90년대에 눈부신 혁명을 거쳤어요. 2018년 기준으로 영국과 미국에서 90% 이상의 가정이 적어도 한 대의 컴퓨터를 갖게 되었답니다.

# 인터넷과 와이파이

불과 30년 전만 해도 인터넷이란 것이 없었고, 음악을 스트리밍하거나 고양이 영상을 찾아보는 것은 불가능한 일이었어요. 오늘날 인터넷이라는 것이 존재한다는 것에 고마워해야 할 사람이 한둘이 아닐 거예요.

### 최선의 방어 형태

1969년 미국 국방성은 전화선을 이용하여 컴퓨터 간에 정보를 공유하는 아르파넷(ARPANET)이라는 시스템을 만들었어요. 처음엔 넉 대의 컴퓨터만 서로 연결할 수 있었지만 이후 그 수가 급격히 늘어났죠. 이 아르파넷을 관리하는 사람 중의 한 명이 미국 정보 과학자 엘리자베스 파인러였어요. 1971년에는 처음으로 이메일이 전송되었고, 3년 후에는 '인터넷'이라는 용어가 최초로 사용되었어요. 이후 영국, 노르웨이, 스웨덴의 서버도 참여하면서 이 네트워크는 국제적인 것이 되었어요. 1980년대에는 '인터넷의 어머니'라고도 불리는 미국의 수학자 래디아 펄먼이 스패닝 트리 프로토콜(STP)을 만들어 인터넷에서 꼭 필요한 통신 규칙을 정해주었어요.

### 월드 와이드 웹

하지만 일반인도 사용할 수 있을 정도로 WWW(월드 와

## 세상을 바꾸다.

인터넷 덕분에 사람들이 배우고, 쇼핑하고, 쉬는 방식이 달라졌어요. 광고와 정치에도 필수적인 도구가 되었죠. 많은 사람이 '가짜 뉴스' 확산 때문에 걱정하고 있기는 하지만, 인터넷은 여러 세대에 걸쳐 사람들에게 무언가를 가르치고 즐거움을 주고 있답니다. 미래에는 사물 인터넷(IoT)이 우리 생활을 획기적으로 바꿀지도 모른다고 해요. 냉장고가 스스로 우유가 얼마 남지 않았음을 감지하고, 자동으로 온라인 슈퍼마켓에 접속해 우유를 주문하는 세상이 온다는 거죠.

이드 웹)가 단순해진 것은 1992년에 와서의 일이었어요. 영국 물리학자 팀 버너스 리는 1990년 최초의 웹사이트를 만들고 자신의 발명에 월드 와이드 웹이라는 이름을 붙였죠.

이 외에도 우리가 사용하는 시스템에 이바지한 사람들은 많아요. 엘리자베스 파인러는 웹사이트 뒤에 붙는 '.com', '.net', '.org' 등의 도메인 이름과 초기 이메일 모델을 만들어 냈어요.

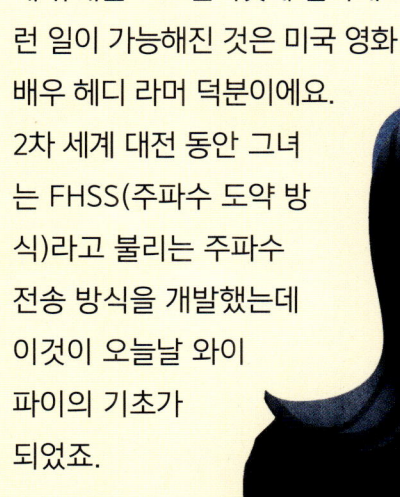

### + 발명가 헤디 라머(1914~2000)를 만나 봐요

대부분의 사람은 케이블을 쓰지 않고 와이파이를 이용해 휴대폰으로 인터넷에 접속해요. 이런 일이 가능해진 것은 미국 영화배우 헤디 라머 덕분이에요. 2차 세계 대전 동안 그녀는 FHSS(주파수 도약 방식)라고 불리는 주파수 전송 방식을 개발했는데 이것이 오늘날 와이파이의 기초가 되었죠.

# 인공위성과 GPS

이 책을 읽고 있는 여러분은 지금 자신이 어디에 있는지 아나요? 이 지구 표면에서 어느 지점에 있는지 정확히 알고 있나요? 혹시 모르더라도 쉽게 알아낼 수 있어요. 이 임무를 맡은 27개의 인공위성이 있거든요. 인공위성은 여러분 머리 위에서 지구 궤도를 하루 두 바퀴씩 돌고 있어요. 약 20,200km 거리를 말이죠.

위성 항법 장치(GPS)를 위해 인공위성을 이용한 것은 1993년 미국 국방성이 처음이었지만, 인공위성은 이미 오래전부터 지구 궤도를 돌고 있었어요. 최초의 인공위성은 1957년 소비에트 연방이 발사했어요. 동그란 공 모양의 스푸트니크는 96분마다 한 번씩 지구 궤도를 돌았어요. 그리고 4개의 안테나를 이용해 전파 신호를 다시 지구로 전송했지요.

## 우주 개발 전쟁

소비에트 연방의 업적에 매우 놀란 미국은 냉전 시대의 적에게 질 수 없어 자신들만의 우주 탐사를 실현해 줄 미국항공우주국(NASA)을 설립했어요. 이렇게 시작된 우주 개발 전쟁으로 1969년에는 달에 착륙할 수 있게 되었고, 점점 더 많은 인공위성이 지구 궤도를 돌게 되었어요. 인공위성은 지구의 사진을 찍고, 날씨를 연구하고, 전 세계의 TV, 라디오, 전화에 전파를 보내는 데 사용되었어요. 1993년부터는 GPS를 통해 배나 항공기의 운항도 도왔죠.

GPS 위성은 정해진 길을 따라 끊임없이 저주파 무선 신호를 보내면서 지구 궤도를 돌고 있어요. 지구상 어떤 지점에서도 적어도 네 대의 위성으로부터 신호를 받을 수 있어야 하거든요. GPS 장치는 네 개의 신호를 감지하고 각각의 위성에서부터 신호가 도달하기까지의 시간을 측정한 다음, 지구상에서 자신이 정확히 어떤 지점에 있는지를 계산해 내요.

## + 발명가 글래디스 웨스트(1930~)를 만나 봐요

GPS 기술이 사용되기 전, 글래디스 웨스트는 미국 해군무기연구소에서 일했어요. 그곳에서 일하게 된 겨우 두 번째 아프리카계 미국인이었죠. 그녀는 인공위성으로부터 처리되지 않은 데이터를 받아서 정확한 위치를 계산하는 일을 했어요. GPS 시스템 발전에 아주 중요한 역할을 한 거죠.

## 북적북적 우주

지구 궤도를 도는 인공위성은 약 5,000개가 있어요. 어떤 것들은 지구 대기나 표면을 스캔하며 날씨를 예측하고 식물의 변화를 조사하고, 또 어떤 것들은 망원경을 통해 우주를 깊숙이 들여다보죠(대기의 먼지나 구름이 없어서 우주가 훨씬 더 잘 보인다고 해요). 또 지구에서 전송된 TV와 라디오 신호를 받아서 더 넓은 지역으로 반사해요. 지구가 인공위성으로 붐비고 있어요. 하지만 다행히 2009년 미국과 러시아의 인공위성 충돌 사고 외에는 아직 큰 사고가 없었어요.

# 망원경

망원경으로 밤하늘을 올려다본 적 있나요? 달 표면의 분화구나 붉게 빛나는 화성이 보이던가요? 밤하늘을 관찰할 수 있게 해주는 이 망원경은 1608년경 네덜란드 아이들의 장난에서 영감을 얻어 만들기 시작한 것이래요.

아이들은 한스 리퍼세이라는 이름의 안경사가 만든 렌즈를 가지고 놀고 있었어요. 그들은 형태가 다른 두 개의 렌즈를 통해 무언가를 들여다보면 실제보다 훨씬 커 보인다는 것을 알아냈어요. 이것을 본 리퍼세이는 렌즈 두 개를 기다란 관 양 끝에 설치했고, 자신의 새 발명품으로 특허를 내려고 했어요. 그런데 그 비슷한 시기에 여러 사람이 비슷한 장치를 만들어냈대요.

### 갈릴레오는 망원경을 만들고...

누가 최초였는지는 모르겠지만 곧 소문이 퍼졌고, 1609년경엔 유럽 전역의 사람들이 망원경을 만들게 되었어요. 가장 유명한 사람은 이탈리아 과학자 갈릴레오 갈릴레이로, 그는 사물을 20배 확대해서 보여주는 장치를 개발했어요. 베니스의 군주는 그의 발명품에 큰 보상금을 내렸답니다. 수평선에 적군의 배가 나타나더라도 망원경만 있으면 미리 발견하고 알릴 수 있을 것으로 생각했거든요.

+ **발명가 갈릴레오 갈릴레이 (1564~1642)를 만나 봐요**

갈릴레오는 위대한 물리학자이자 망원경을 이용해 우주를 관찰한 최초의 인물이에요. 그는 지구가 태양 궤도를 도는 것일 수도 있다는 이론을 내세웠어요. 하지만 가톨릭교회는 지구가 우주의 중심이라고 주장하면서 그를 재판에 부치고 집 밖으로 못 나오게 했어요.

## 과거를 돌아보는 망원경

일부 현대 망원경들은 수신기를 이용하여 멀리 떨어진 별들이 화학적 활동으로 분출한 전자기 방사선을 포착하고, 이것을 다시 이미지로 바꿔요. 가장 먼 별에서 방사선이 방출된 것이 130억 년도 더 된 일이기 때문에, 망원경으로 그 별을 본다는 것은 가장 먼 곳을 보는 것일 뿐만 아니라 우주가 시작된 지 얼마 안 된 과거를 되돌아보고 있는 거나 마찬가지예요.

### 새로운 세상을 발견했지요

하지만 갈릴레오는 자신의 망원경을 이용해 하늘을 관찰하기 시작했어요. 그는 달을 관찰하고 거기서 산과 분화구를 발견했죠. 목성 주변을 도는 네 개의 달도 찾아냈으며 태양의 흑점도 발견했어요(여러분은 절대 맨눈으로 해를 보면 안 돼요). 매우 흥미로운 발견이었지만 이 때문에 말썽도 생겼어요. 당시에 힘이 센 가톨릭교회는 일반 사람들에게 하늘은 완벽한 곳이라고 가르쳤거든요. 교회의 믿음은 너무나 단단했기에 갈릴레오의 주장이 끼어들 틈이 없었어요!

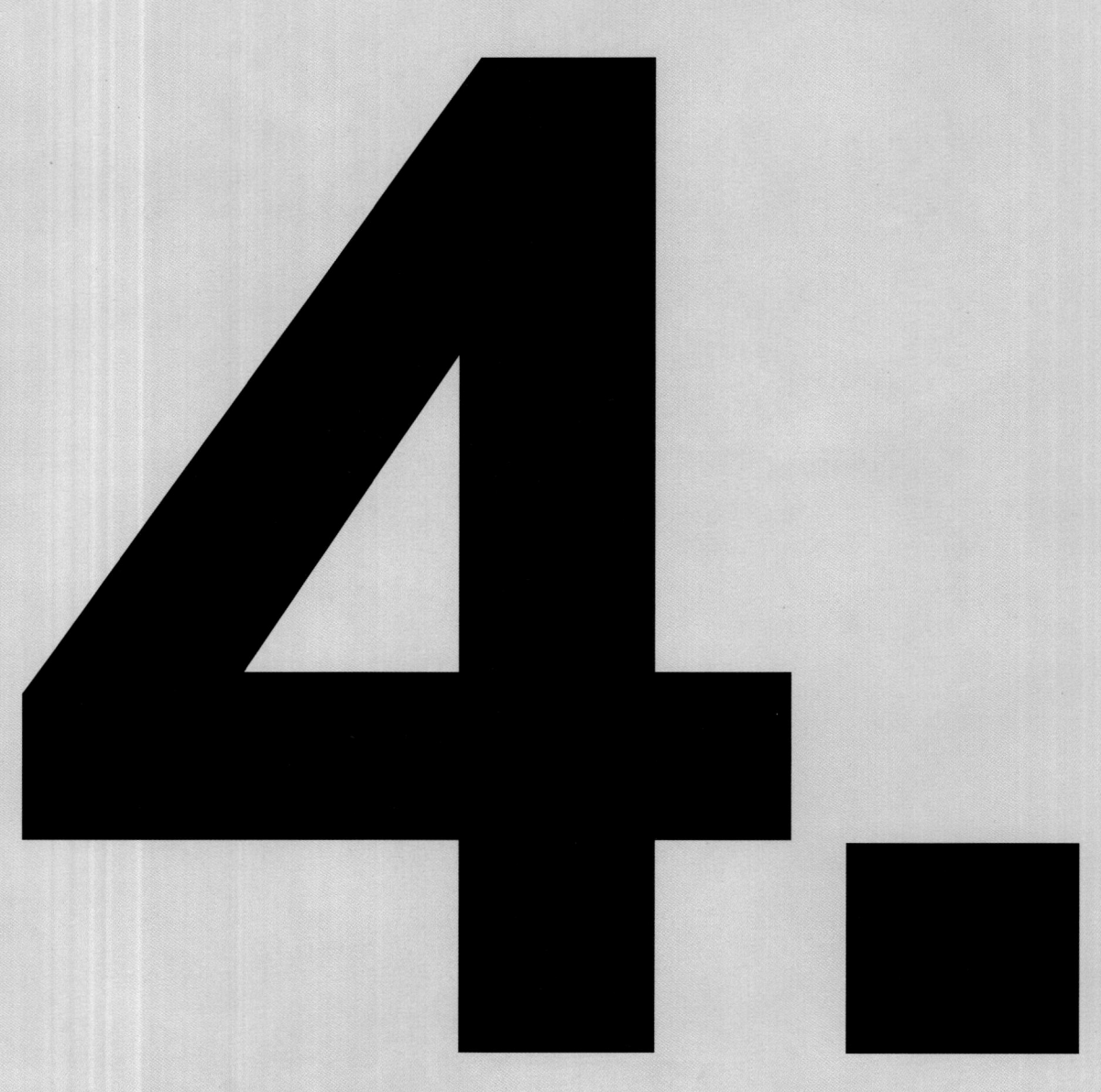

# 우리 생활을 더 편하게 만드는 발명

## 일상생활 관련 발명

집안을 둘러보세요. 매일 편리한 생활을 할 수 있게 도와주는 발명품들이 가득할 거예요. 많은 노동 절약용 장치는 여성들이 개발했어요. 아마도 오랜 시간 동안 집안일을 돌본 것은 대개 여성이기 때문이겠죠. 집마다 상황이 다르고, 또 집안일을 모두 도맡아 할 로봇은 아직 발명되지 않았지만, 그래도 화장실, 진공청소기, 전등이 없는 집은 거의 없을 거예요. 혹시 여러분 집엔 이런 것이 없나요? 그렇다면 어쩌다 동굴에서 살게 된 것은 아닌지 확인 좀 해보세요!

# 수세식 변기

가족 중에 변기에 앉아서 시간을 보내는 것을 좋아하는 사람이 있나요? 여러분인가요? 그렇다면 존 해링턴에게 고마워하세요. 어쩌면 알렉산더 커밍스에게도, 또 어쩌면 토마스 크래퍼와 토마스 트와이포드에게도요. 간단해 보이는 수세식 변기를 위해 엄청 많은 발명가가 애를 썼거든요.

수세식 변기를 가장 먼저 사용한 사람 중 하나는 영국 여왕 엘리자베스 1세였어요. 1596년 시인인 존 해링턴이 여왕에게 선물한 거였죠. 해링턴은 여왕에게 짓궂은 시를 써서 여왕을 화나게 하는 버릇이 있었기에, 해링턴의 변기는 화해의 선물과도 마찬가지였어요. 그의 발명품에는 물탱크가 달려 있었고, 여기서 나온 물이 변기의 오물을 씻어 내려 구덩이로 흘려보냈어요.

### 'S'라면 냄새 걱정이 없지!

해링턴 변기의 문제는 구덩이에서 새어 나온 악취가 다시 집 안으로 들어오는 경우가 있다는 거였어요. 엘리자베스 여왕은 선물을 받고도 크게 감동하지 않았을 것 같군요! 악취 문제는 1775년에야 해결되었어요. 알렉산더 커밍스가 변기 밑에 S자 파이프를 달았거든요. 파이프 속에 물이 고여 있도록 함으로써 물이 악취가 새어 나오는 것을 막는 역할을 한 거예요. 이는 엄청난 발전이었지만 종종 S자 파이프가 막히거나 물이 마르는 일이 생기기도 했어요. 그래서 영국 배관공 토마스 크래퍼는 1880년 S자 파이프를 U자로 바꾸어 이 문제를 해결했어요.

비슷한 시기 영국 변기 제조업자 토마스 트와이포드는 새로운 변기를 개발했어요. 나무 상자 안에 변기를 두는 대신 도자기로 만든 일체형 변기를 선보인 거죠. 덕분에 변기를 깨끗하게 유지하는 것이 쉬워졌어요.

그렇게 크래퍼와 트와이포드는 힘을 합쳐 지금 우리가 아는 수세식 변기의 형태를 완성했어요.

### ➕ 발명가 토마스 크래퍼(1836~1910)를 만나 봐요

영국 런던의 배관공 토마스 크래퍼는 종종 수세식 변기의 아버지로 불리지만, 사실상 그는 이미 존재하던 디자인을 더 발전시킨 것뿐이에요. 그는 U자 파이프를 개발하고 물탱크 속 물의 양을 조절하는 볼 코크(물탱크 속 수위를 조절하는 장치로 물에 뜨는 고무공이 달려 있음)를 추가했어요. 크래퍼는 세계 최초의 배관 전시실을 열기도 했어요. 그는 자신의 위생용품 즉 변기, 욕조, 싱크대 등을 홍보하는 데 재주가 있었고 그 덕에 그의 이름은 수세식 화장실과 떼려야 뗄 수 없는 사이가 되었답니다.

# 가정 보안 시스템

상상해 보세요. 소파에 앉아 쉬고 있는데 초인종이 울려요. 여러분은 휴대폰 앱을 열어서 누가 온 건지 확인을 해요. 만약 친구라면 문 여는 버튼을 눌러서 들어오게 해요. 만약 상자를 들고 있는 사람이라면, 현관에 두고 가라고 부탁한 뒤 다시 휴식을 취해요.

여러분에겐 이런 앱이 없을지 몰라도 실제로 이런 시스템은 존재하고 있어요. 이런 시스템을 만들어 우리 집을 더 안전하게 지켜주는 발명가는 바로 마리 밴 브리탄 브라운이에요. 그녀는 50년 전에 이런 현대적인 가정 보안 시스템을 생각해냈어요. 그녀는 자신을 발명가라고 부르지 않았어요. 실제로는 직업이 간호사였거든요. 하지만 그녀가 간호사였기 때문에 어쩌면 발명가가 될 수 있었다고 할 수 있어요.

### 웃으세요, 찍고 있어요

1960년대 중반, 브라운은 뉴욕시의 퀸스라는 지역에 살고 있었어요. 퀸스는 범죄가 많은 동네였기에 경찰들도 여간 힘든 것이 아니었어요. 브라운은 특히나 늦은 밤이 불

안했어요. 자꾸 사람들이 초인종을 누르며 문을 열어달라고 했거든요. 게다가 전기 기술자인 남편 알버트는 종종 집을 비웠어요.

그래서 브라운은 밖에 누가 있는지 집안 어디에서든 확인할 수 있는 장치를 개발했어요. 문에 나 있는 서너 개의 구멍을 통해 바깥이 비치는 폐쇄 회로 카메라를 설치한 거예요. 카메라에 찍힌 영상은 아파트 안에 있는 TV 화면에 그대로 표시되었어요. 밖에 있는 사람에게 안에서 말을 전달할 수 있는 버튼도 달고, 문을 잠그거나 열어주는 장치도 추가했어요. 보안 경비 업체나 경찰서로 바로 연결되는 비상 버튼도 포함되어 있었죠.

### 길잡이

이 장치는 1969년 특허를 획득했어요. 브라운의 시스템이 오늘날 컴퓨터를 이용한 가정 보안 시스템의 기초가 되어준 거죠.

## 감시 장치

1960년대 이후, 사람들의 이동을 기록하는 카메라의 사용이 많이 늘어났어요. 어떤 사람들은 브라운의 장치에서처럼 범죄를 예방하기 위해서는 카메라의 사용이 필수적이라고 주장해요. 하지만 또 어떤 사람들은 각자 자유롭게 자기 할 일을 할 권리가 있다고 반박하죠. 보안 카메라가 우리 사생활을 침해하고 있다면서요.

# 냉장고

냉장고가 없는 삶을 상상해 보세요. 음식이 썩지 않게 보관하는 것이 힘들어지겠죠. 어떤 음식은 아예 존재조차 하지 않을 수도 있어요. 다 떠나서, 이 세상에 실온 상태의 미적지근한 요구르트를 먹고 싶은 사람이 누가 있겠어요?

### 후덜덜덜!

우리 선조들도 낮은 온도에 음식을 보관하면 신선하다는 것을 알고 있었어요(지금 우린 낮은 온도에서는 음식을 상하게 만드는 박테리아가 죽기 때문에 그렇다는 것을 알고 있죠). 추운 지역에 사는 사람들은 음식을 얼음덩어리와 함께 보관하곤 했어요. 1800년대에는 아이스박스에 음식을 보관하기 위해, 배를 이용해 얼음을 멀리까지 실어 나르기도 했어요.

## 세상을 바꾸다.

냉장고는 우리 생활에 큰 편리함을 주는 물건이며, 여러모로 현대 사회의 중심에 자리 잡고 있기도 해요. 냉장고가 있기 전까지는 대도시의 주민들에게 신선한 음식을 제공하는 것이 어려웠어요. 하지만 움직이는 대형 냉장고와 같은 냉장 열차, 냉장 선박이 개발되면서, 고기, 유제품, 채소, 그리고 과일이 전 세계로 운반될 수 있게 되었죠. 덕분에 점점 더 많은 사람이 도시에서 살 수 있게 되었고, 사람들의 전반적인 건강이 증진되었으며, 평균 수명도 늘게 되었어요.

### 점점 뜨겁게, 점점 차갑게

최초의 가정용 냉장고가 개발된 것은 20세기 초였어요. 1913년 미국 기술자 프레드 울프 주니어는 이산화황이라는 냉매의 팽창과 응축을 이용하여 아이스박스의 열기를 제거하는 냉장고를 만들었어요. 대부분 냉장고가 비슷한 과정을 거쳐요. 암모니아 같은 가스는 냉장고 내에서 나오는 열기를 흡수하고, 암모니아가 액체 상태로 바뀌면서 내부 열기를 밖으로 배출하는 거죠.

울프의 냉장고만 있던 것은 아니었어요. 1914년 미국 발명가 플로렌스 파파트 역시 냉장고로 특허를 받았어요. 파파트는 물건을 마케팅하고 파는 재주가 뛰어나서 광고 캠페인까지 직접 만들기도 했답니다.

이후 다른 여성 발명가 릴리언 길브레스는 굉장히 간편한 발명품을 개발했어요! 바로 냉장고 문 안쪽에 달린 선반이죠. 그녀는 이 외에도 발로 눌러서 뚜껑을 여는 쓰레기통, 전기 믹서 등 집에서 쓰는 여러 가지 물건을 만들었지요.

### 급속냉동!

울프의 냉장고는 유행하지 않았지만, 그의 아이디어 중 한 가지는 큰 인기를 끌었어요. 바로 물을 얼리는 얼음 틀 말이죠. 냉동은 냉장보다 음식을 더 오랫동안 신선하게 지켜주었어요. 미국 생물학자 클래런스 버즈아이는 캐나다 북부에 사는 이누이트족이 생선을 오래 보관하기 위해 얼음 깊숙한 곳에 묻어둔다는 것을 알게 되었고, 생선을 냉동시키기 위한 자신만의 방법을 개발했어요. 그의 첫 회사는 1924년에 파산했지만, 이후 같은 해에 음식을 급속도로 냉동시키는 방법을 찾아냈어요. 바로 작게 자른 음식을 금속 접시 사이에 넣고 아주 낮은 온도에서 얼리는 기계를 사용하는 것이었죠.

# 플라스틱과 인조 섬유

플라스틱은 어디에나 있어요. 2019년 한 잠수함이 태평양에서 해저 11km 아래로 내려가는 기록을 세웠는데 그 바다 밑에서도 비닐봉지를 발견했대요. 플라스틱은 해로운 오염 물질이며 분해되는 데 수백 년이 걸려요. 하지만 플라스틱 없는 세상을 상상해 봐요. 플라스틱병, 장난감, 플리스 후드, 운동화, 자전거 헬멧, 라이크라 운동복, 섬유 유리로 만든 스케이트보드 등이 다 사라지는 거예요. 플라스틱은 현대 사회라면 어디에나 있어요. 과연 이런 플라스틱이 해롭기만 한 걸까요?

플라스틱은 석탄이나 석유 등 유기물로 만든 합성 물질이에요. 최초의 플라스틱은 1856년 영국 발명가 알렉산더 파크스가 방수 옷감을 만들던 중에 탄생했어요. 파크스는 식물의 섬유소와 피마자 오일을 말리면 상아처럼 단단한 물질이 된다는 것을 알아냈어요. 상아는 굉장히 값비쌌지만 파크스가 만들어낸 물질은 훨씬 쌌죠. 하지만 그 인기는 오래 가지 못했어요. 미국 발명가 존 웨슬리 하이엇이 셀룰로이드라고 하는 더 발전된 물질을 만들어냈거든요. 셀룰로이드로 처음 만든 물건은 당구공이었대요.

### 세상을 장악한 플라스틱

셀룰로이드 다음으로 등장한 것은 라디오에 사용되곤 하는 베이클라이트라는 이름의 단단한 플라스틱이었어요. 이것은 사람이 만든 최초의 합성 플라스틱이었어요. 1930년대 후반에는 폴리스티렌(스티로폼)이 인기를 끌었어요. 거품과 같은 형태로 만들 수 있고, 단단하게도 부드럽게도 만들 수 있었기에 포장에 널리 사용되었죠. 1970년대에는 플라스틱병이 널리 사용되었어요. 유리병보다 가볍고 깨지지도 않았으니까요. 하지만 2000년대에 들어서자 사람들은 버려진 플라스틱병과 쇼핑백이 일으킬 수 있는 피해를 걱정하기 시작했어요.

### 입을 수 있는 플라스틱

플라스틱으로 인공 섬유를 만들 수도 있어요. 1891년에는 비스코스가 발명되었고, 1935년에는 미국 화학자 월리스 캐러더스가 나일론을 만들었어요. 캐러더스는 인공 실크를 만들려고 했어요. 미국은 주로 일본에서 실크를 수입해왔는데 두 나라의 사이가 틀어졌기 때문이었죠. 나일론은 무척 튼튼하고 쓰임새도 많았어요. 스타킹이나 낙하산을 만들 수 있었고 기타 줄이나 밧줄로도 사용할 수 있었죠.

### ❓ 여러분이라면?

바다에 둥둥 떠다니는 플라스틱 쓰레기가 몇 톤이나 있대요. 거대한 '쓰레기 섬'이 생긴 곳도 있을 정도로요. 어린 독일 발명가 보얀 슬랫이 개발하려고 했던 '오션 클린업'처럼 여러분도 바다에 있는 플라스틱을 수거해서 재활용할 수 있는 기계를 만들 수 있을까요? 여러분이라면 과연 어떤 운송 수단을 이용할까요? 배, 비행기, 혹은 아예 다른 종류의 탈 것? 사람이 직접 탈까요, 아니면 로봇을 이용할까요?

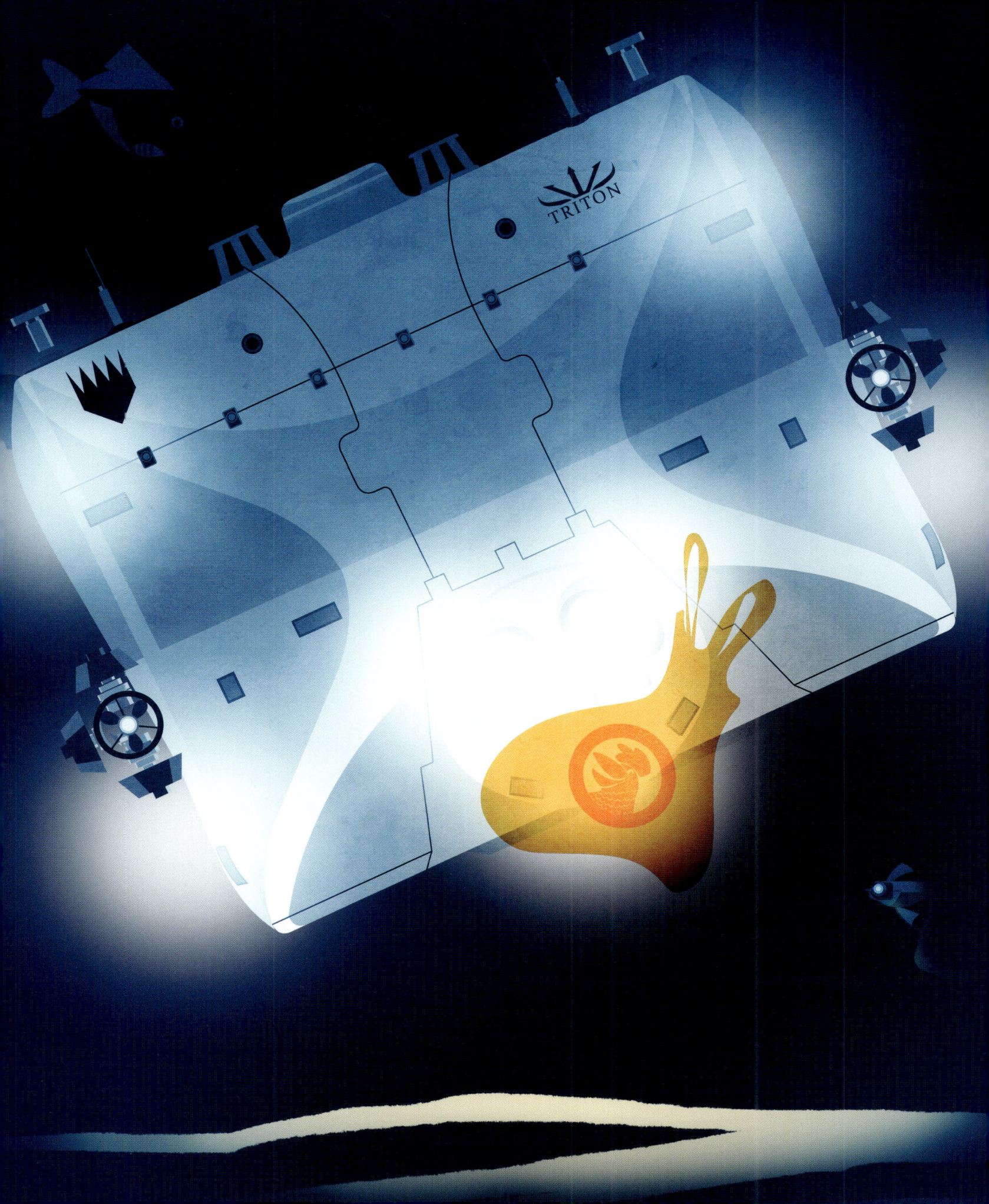

# 진공청소기

조용히 쉬려고 하는데 누가 옆에서 진공청소기를 튼다고요? 그럴 땐 휴버트 세실 부스를 원망하세요. 영국 기술자 부스는 1901년 최초로 효과적인 진공청소기를 만들었어요. 당시 청소기는 먼지를 날려서 없애는 방식이었기 때문에 부스는 이 먼지를 빨아들일 순 없을까 생각한 거죠.

### 퍼핑 빌리

부스는 젖은 손수건으로 입을 막고 손수건이 먼지로 뒤덮일 때까지 천 의자에 입을 대고 먼지를 빨아들여 봤어요. 그리고 이 아이디어를 바탕으로 기계를 만들었죠. 부분적으로 진공 상태를 만들어 공기를 빨아들이는 기계를 생각한 거죠. '퍼핑 빌리'라는 별명을 붙인 이 기계는 너무 커서 집안에 들일 수가 없었어요. 마차로 끌고 가서 고객의 집 앞에 주차한 뒤, 창문으로 긴 튜브를 넣어서 집안의 카펫을 청소하는 식이었어요. 1년도 안 되어 부스는 영국 왕의 카펫까지 청소하게 되었대요.

### 정말 잘 빨아들이는군!

1907년엔 더 실용적인 진공청소기가 등장했어요. 미국의 경비원이자 발명가 제임스 스팽글러는 흡입식 청소기라는 이름의 기계를 뚝딱 만들어냈어요. 그는 빗자루 손잡이에

튜브를 연결하고 그 끝에 솔을 달았어요. 그리고 선풍기 날개를 돌려 먼지를 빨아들였죠. 그렇게 빨아들인 먼지는 베개 안에 모이게 했어요. 하지만 스팽글러의 기계는 사람들의 인정을 받지 못했어요. 그는 특허권을 윌리엄 후버에게 팔았고, 후버는 기계를 좀 더 개선해서 팔기 시작했어요. 진공청소기를 스팽글러가 아니라 후버라고 부르는 것도 바로 이런 이유 때문이랍니다.

### ❓ 여러분이라면?

집에서 청소기를 돌려보세요. 아니, 진지하게 정말 한 번 해보세요. 청소기가 닿지 않는 장소가 있나요? 청소기가 빨아들이지 못하는 쓰레기가 있나요? 어떻게 해야 사용이 더 쉬워질까요? 진공청소기를 개선할 방법들을 쭉 적어보세요. 쉽게 고칠 수 있을까요?

### ➕ 발명가 제임스 다이슨(1947~)을 만나 봐요

1978년 영국 기술자 다이슨은 먼지봉투가 달려 있지 않은 진공청소기를 개발하기 시작했고, 성공하기까지 무려 5,127개의 시제품을 만들었대요. 공기를 빨아들여 '사이클론'이라는 장치로 보내면 공기를 회전시켜서 먼지만 걸러내는 원리예요. 이제 먼지봉투는 역사 속으로 사라지게 된 거죠. 이 발명품이 생산되기까지 거의 10년이 걸렸지만, 2년도 안 되어 영국에서 가장 성공한 진공청소기가 되었어요.

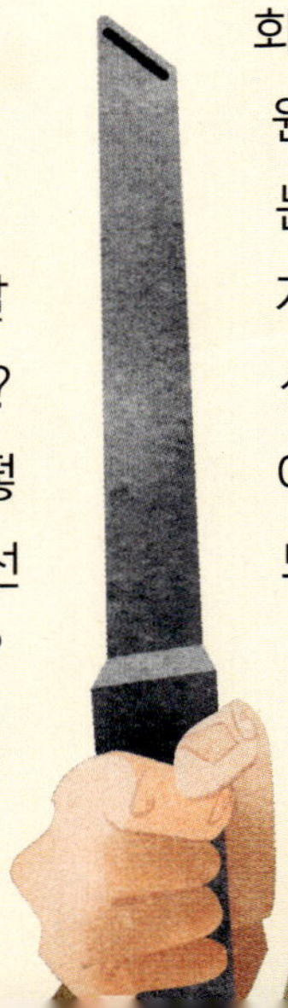

# 식기세척기

오븐, 냉장고, 주전자, 토스터 등 유용한 부엌 용품과 도구가 발명된 덕분에 우리는 시간을 아낄 수 있게 되었고 생활이 더 쉬워졌어요. 여러분 집에는 식기세척기가 있나요? 식기세척기가 있으면 식사 후에도 손으로 설거지를 할 필요가 없어요. 기계가 접시를 반짝반짝 닦는 동안 여러분은 먹은 것이 소화되길 기다리며 편하게 쉴 수 있어요. 이 얼마나 편리한가요?

### 접시 닦기

이 발명품의 개발자는 조세핀 코크런이라는 여성이었어요. 그녀가 식기세척기라는 아이디어를 떠올린 최초의 인물은 아니었지만, 그래도 실제로 작동하는 기계를 만들어낸 것은 그녀가 처음이었죠.

1850년 설거지하는 기계로 처음 특허를 딴 사람은 조엘 호튼이었어요. 그의 기계는 손으로 돌리는 것이었고 생각만큼 깔끔하게 세척이 되지 않는 것이 유일한 단점이었죠.

한편 코크런은 시카고에 있는 저택에서 가족들과 즐겁게 살고 있었어요. 그녀는 하인이 설거지할 때마다 자신의 아름다운 도자기 그릇에 이가 나가는 것을 보고 크게 실망했어요. 그래서 직접 설거지를 해보려 했으나 그마저도 재미가 없었던 코크런은 더 나은 방법을 생각해내기로 결심했어요.

### 문제 해결

코크런은 과학적 배경 지식이 전혀 없었지만, 차근차근 문제를 해결했어요. 그녀는 정비공을 고용해 접시와 컵의 치수를 재고 그것들을 고정시킬 수 있는 철사 칸막이를 만들었어요. 그리고 커다란 구리 보일러 안에 이 칸막이를 설치했지요. 모터로 보일러 내부에 있는 바퀴를 돌리면 여기에서 뜨거운 비눗물이 분출되면서 접시에 묻은 이물질이 떨어져 나갔어요. 그녀의 디자인은 이후 모든 식기세척기의 기본이 되었어요.

코크런은 1886년 이 기계로 특허를 받았어요. 그리고 부유한 친구들에게 기계를 팔았죠. 하지만 대부분 집에는 기계에 필요한 뜨거운 물이 충분하지 않았어요. 그래서 그녀의 주요 고객은 레스토랑이나 호텔이었답니다. 그녀는 자신의 발명품을 계속해서 개선해 나가면서 새로운 모델을 생산했어요.

1950년대엔 가정용 식기세척기가 흔치 않았어요. 하지만 온수 배관이 더 일반화되고 세제도 좋아지면서, 점점 더 많은 여성이 싱크대에 손을 담그고 있을 시간에 자신만의 시간을 갖겠노라 결심하게 되었지요.

### ❓ 여러분이라면?

부엌을 둘러보세요. 여러분이 보기에 아직도 발명이 필요한 것들이 있나요? 시리얼을 부을 때나 완벽한 달걀 프라이를 만들 때 불편한 점은 없나요? 어떤 발명을 하면 부엌에서 유용하게 쓸 수 있을까요?

# 우리를 더 건강하게 만드는 발명

## 의학 관련 발명

의학 관련 발명 덕분에 사람들은 더 오래, 더 건강하게,
더 행복하게 살 수 있게 되었어요. 정말 멋진 일이죠, 안 그래요?
하지만 이 모든 것이 현대에 등장한 것은 아니에요.
고대 이집트인들도 사고로 발가락이나 손가락을 잃은 사람들을 위해
간단한 발명품을 만들었대요. 나무로 신체의 일부를 조각해서
그 자리에 끼우는 식이었죠. 이것이 바로 인공 보철 역사의 시작이었어요.
덕분에 이 챕터에서 소개할 달리기용 의족도 만들어진 거고요.
이 외에도 우리의 삶을 변화시킨 의학 발명으로는
더 편한 수술을 위한 장치, 작은 세포까지 볼 수 있게 해주는 현미경,
인간의 몸 내부를 볼 수 있게 하는 기법 등이 있어요.

# 현미경

현미경을 통해 보면 작은 파리 한 마리도 마치 우주 괴물처럼 보이죠. 현미경의 등장으로 사람들은 맨눈으로 볼 수 있는 것보다 더 작은 것들을 관찰할 수 있게 되었어요. 그전에는 현미경으로 봐야 보이는 신기한 세상이 존재하는지도 몰랐답니다.

독일인 한스 얀센과 그의 아들, 차하리아스는 유리 렌즈를 갈아서 안경을 만드는 안경 제작자였어요. 1590년대, 그들은 기다란 관에 두 개의 렌즈를 같이 넣어 보았고, 그 장치를 통해서 보면 사물이 9배 더 크게 보인다는 것을 알아냈어요. 그것이 바로 최초의 현미경이었죠.

## 너무 많이 보이나?

교회는 신이 의도한 대로 세상을 맨눈으로만 봐야 한다고 주장했어요. 하지만 사람들은 너무나 호기심이 커서 계속 새로운 장치를 개발했습니다. 약 20년 후, 이탈리아 과학자 갈릴레오 갈릴레이는 말했어요. "나는 이 관을 통해서 양만큼 커진 파리를 관찰했고, 파리의 몸이 털로 뒤덮여 있다는 사실을 알게 되었다."

## 세상 속의 세상

1665년 영국 과학자 로버트 훅은 현미경으로 본 사물을 그림으로 그려서 책으로 발간했어요. 그는 파리의 눈도 그리고 나무 조각 속에서 발견한 아주 작은 방들도 그렸어요. 그는 이 작은 방을 '셀(cell : 작은 방, 구멍이라는 뜻으로 이후에 '세포'라는 뜻까지 추가됨)'이라고 불렀어요. 지금 우리는 이 셀(cell)이 모든 생물의 기본 단위라는 것을 알고 있지요.

몇 년 후 네덜란드 출신 옷감 상인 안토니 레벤후크는 옷감을 관찰하기 위해 자기만의 현미경을 발명했어요. 그는 무려 550개의 렌즈를 만드는데, 그중에서 가장 강력한 것은 사물을 500배까지 확대할 수 있었대요. 그는 한 방울의 물속에서 작은 생명체(실제로는 질병을 일으킬 수 있는 박테리아)도 관찰했고 사람의 혈액 속 세포도 확인했지요. 그는 자신의 발견에 관해 자세히 쓴 편지를 런던의 과학자에게 보냈고, 이 덕분에 유럽 전역에서 유명해지게 되었죠.

현미경은 의학(그리고 다른 과학)에서 필수적인 도구가 되었어요. 무엇보다 현미경 덕분에 세균이 발견되었고, 세균이 퍼지는 것을 막는 방법도 생겨났죠. 인간의 몸이 질병에 어떻게 반응하는지도 연구할 수 있게 되어 효과적인 질병 치료에도 크게 이바지했어요.

## 작게 더 작게

일반적인 빛을 이용한 현미경은 어느 한계까지만 사물을 확대할 수 있어요. 1930년대 물리학자 에른스트 루스카와 막스 놀은 현미경에 꼭 빛이 필요하지 않다는 것을 알게 되었고, 전자빔을 이용해 이미지를 만들어내는 새로운 종류의 현미경을 개발했어요. 오늘날 전자현미경은 사물을 실제보다 1,000,000배나 크게 확대할 수 있어요.

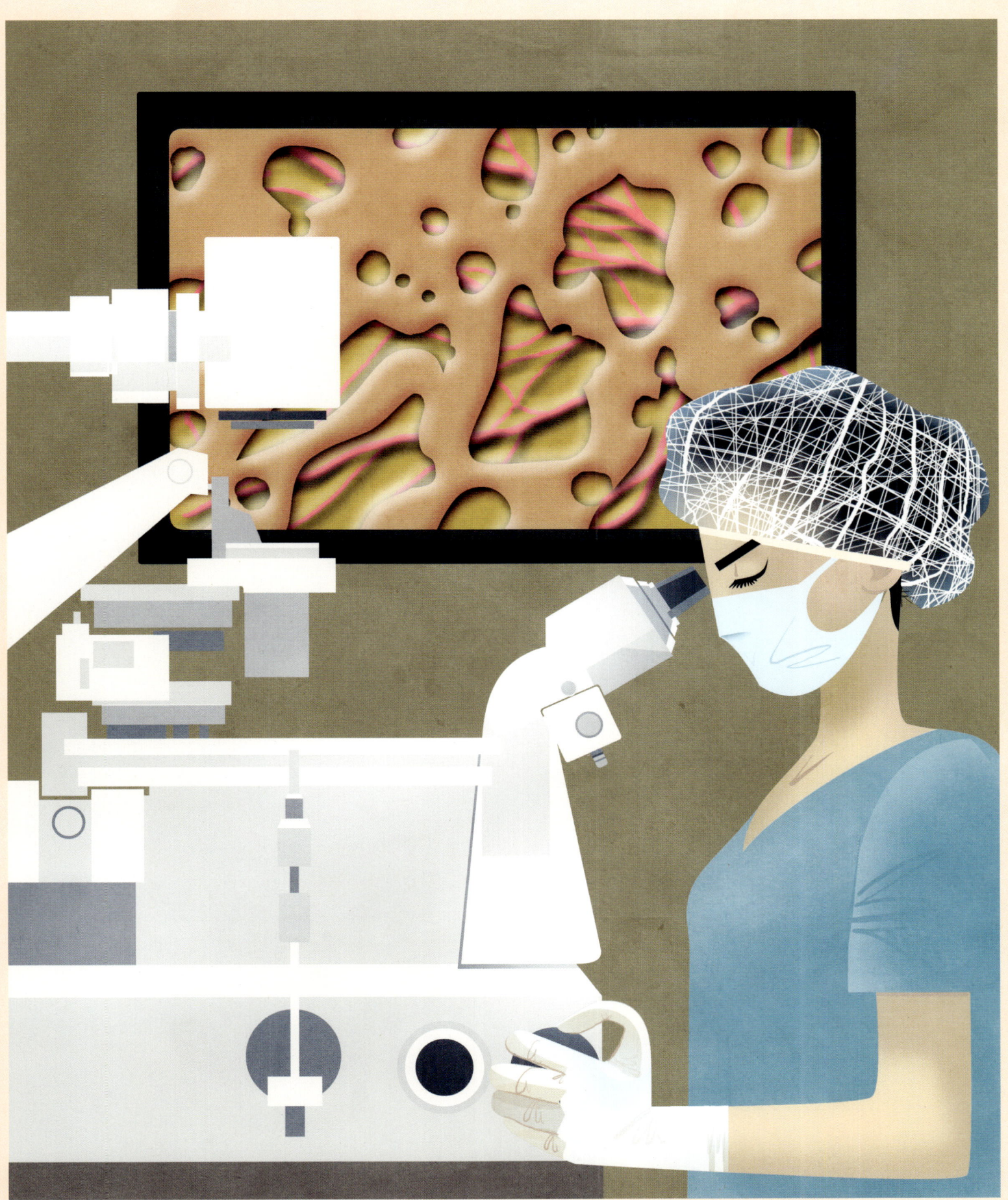

# 심장박동 조절 장치

여러분의 심장은 1분에 약 80번 뜁니다. 1년이면 4천2백만 번이죠. 여러분이 열두 살이라면 지금까지 5억 번 이상 심장이 뛰었을 거예요. 20살이 되면 8억 번이 넘어가겠죠. 어떤 행동을 하느냐에 따라 심장박동이 빨라지거나 느려지긴 해도, 대부분 사람은 심장박동이 일정해요. 하지만 일부 사람들의 심장박동은 불규칙해요. 마구 뛰다가 한순간에 그냥 멈춰 버릴 수 있어요.

불규칙한 심장박동은 위험할 수 있어요(아예 멈춰버리면 큰일이고요). 하지만 의사들이 이제 그 위험을 낮춰줄 수 있어요. 1926년 호주 의사 마크 리드윌은 바늘이 달린 전기장치를 생각해냈어요. 전등 콘센트에 플러그를 꽂으면 그 끝에 있는 바늘이 환자의 네 방 심장 중 한 군데에 전하를 전달할 수 있는 장치였어요. 작은 양의 전하로도 심장은 규칙적으로 뛸 수 있었어요. 리드윌은 이 기계를 심장이 멈춘 채 태어난 신생아를 살리는 데 사용했어요.

### 문제의 핵심

리드윌의 장치나 미국인 알버트 하이먼이 발명한 비슷한 기계는 몸 밖에 두어야 했어요. 늘 휴대할 수 없었기에 환자가 일상적인 생활을 할 수 없었죠. 입는 심장박동 조절 장치가 개발되었을 때도 환자의 활동은 극히 제한되었어요. 목에 두르는 플라스틱 상자 형태였거든요.

하지만 1958년 스웨덴 기술자 룬 엘름크비스트는 외과 의사 아케 세닝의 지시로 심장박동 조절 장치를 만들었어요. 이 장치에는 심장박동을 표시하는 모니터와 조그만 배터리로 전기를 공급하는 전선이 달려 있었어요. 하지만 엘름크비스트의 장치는 몸 안에 이식할 수 있다는 것이 완전히 새로운 점이었죠. 최초의 배터리는 2~3년밖에 가지 않았지만, 요즘은 요오드화리튬 배터리를 사용하기 때문에 10년마다 교체해주기만 하면 돼요.

### + 환자 아르네 라슨(1915~2001)을 만나 봐요

아르네 라슨은 최초로 심장박동 조절 장치를 이식받은 환자였어요. 그는 심장박동이 너무 느려 종종 실신하곤 했고, 하루에 서른 번 이상 심폐소생술을 받아야 했죠. 맨 처음엔 세닝이라는 의사가 하키용 퍽 크기의 조절 장치를 이식했지만 세 시간도 안 돼 꺼져버렸어요. 다시 이식한 기계는 이틀을 갔고요. 라슨은 조절 장치를 새로 교체하기 위해 무려 25회 수술을 받았어요. 그런데도 86세까지 장수했어요. 실제로 엘름크비스트와 세닝보다 더 오래 살았답니다!

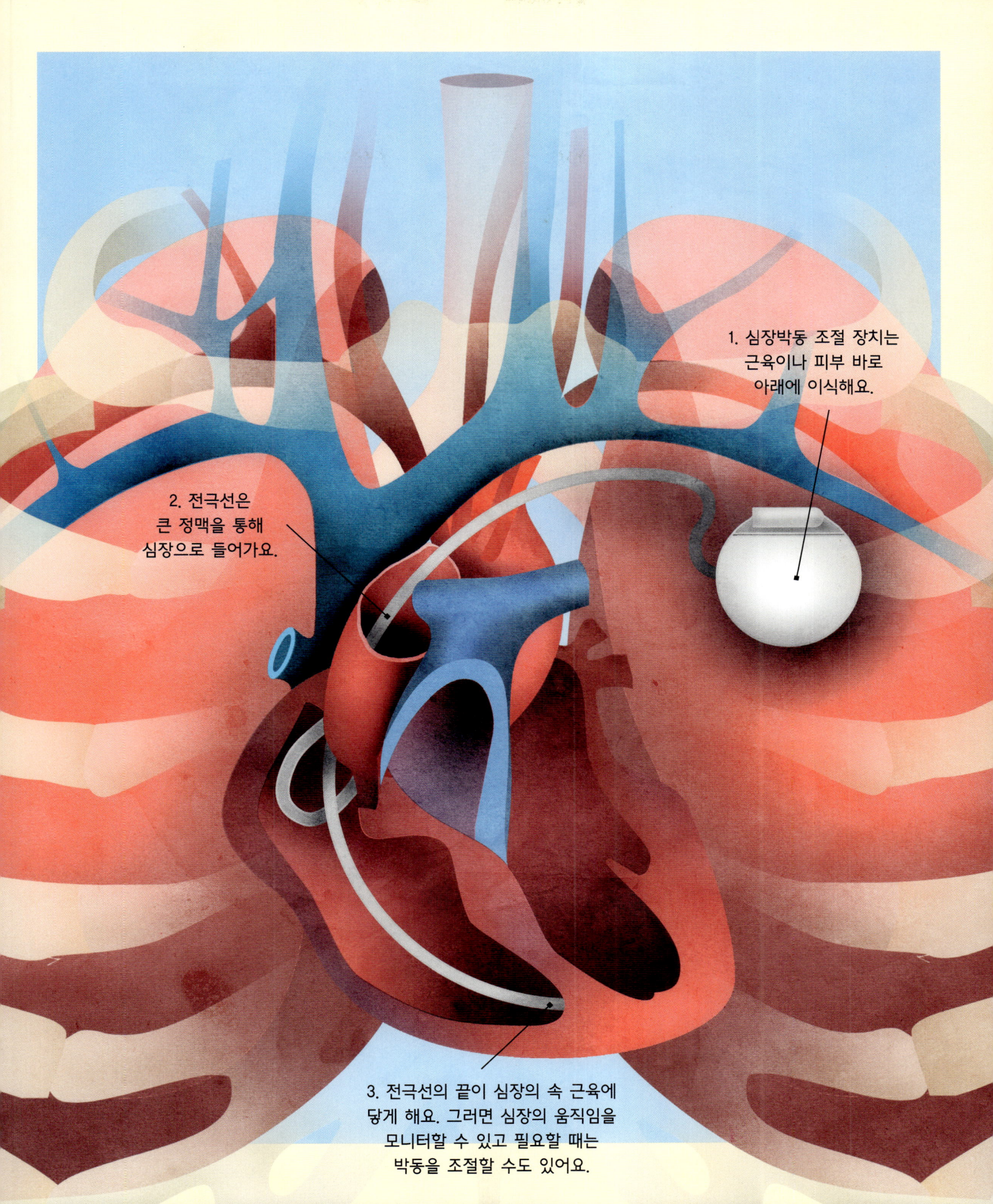

# 달리기용 의족

다리가 없으면 움직이기 매우 불편하고 때로는 고통스러워요. 나무로 만든 다리부터 무거운 플라스틱 보철물까지 다양한 도구의 도움을 받아도 마찬가지죠. 하지만 새로운 발명품을 통해 한쪽 다리, 혹은 양쪽 다리가 없는 사람도 달리고, 깡충깡충 뛰고, 장애물을 뛰어넘을 수 있게 되었어요. 사실상 정상급 패럴림픽 선수는 다리가 멀쩡히 달린 사람보다 더 빨리 달릴 수도 있어요.

그렇다면 이 하이테크 보철 의족은 어떤 원리일까요? 의족에는 대단한 로봇 공학이나 전자 공학이 사용되지 않아요. 그저 선수 본인의 근육 힘과 물리학이 필요할 뿐이죠. 돌돌 감긴 스프링을 꾹 눌렀다가 놓으면 튕겨 나가는 것을 봤을 거예요. 달리기용 의족도 마찬가지 원리에요. 선수의 의족은 땅에 닿으면 스프링을 눌렀을 때처럼 찌부러져요. 선수의 다리는 땅을 파고들 수 없기 때문에 근육의 힘은 운동 에너지로의 변화를 멈추고 대신 의족에 잠재적인 에너지로 저장돼요. 이 에너지는 의족을 다시 위로 튀어 오르게 하고 선수를 앞으로 밀어내는 거죠.

### + 발명가 밴 필립스(1954~)를 만나 봐요

미국 발명가 밴 필립스는 21살 때 수상스키 사고로 한쪽 다리를 잃었어요. 당시의 보철 의족에 만족하지 못했던 그는 시카고의 의과 대학에서 보철학을 배우고 생체공학 설계 전문가가 되었죠. 1984년 그는 '플렉스-풋 주식회사'를 설립했어요. 그리고 이 회사가 최초의 달리기용 의족을 탄생시켰어요.

### 의족은 무엇으로 만들까요?

달리기용 의족의 재료는 탄소섬유예요. 이 특별하고 값비싼 물질은 놀라울 정도로 가볍지만, 굉장히 튼튼하거든요. 의족은 이 탄소섬유와 특정한 종류의 플라스틱을 섞어서 만듭니다. 얇은 탄소섬유 90장과 플라스틱을 틀에 넣어 누른 뒤 아주 높은 온도로 녹여 한 덩어리를 만들어내요. 그 후 모양에 맞게 자르고 선수의 다리에 딱 맞도록 설계된 소켓(다리를 끼우는 구멍)과 볼트로 연결해요.

# 엑스레이 기계

엑스레이(X-ray)를 왜 엑스레이라고 부르는지 의문을 가져본 적 있나요? 수학에서 'X'는 알 수 없는 무언가를 뜻하기 때문에 붙은 이름이에요. 1895년 독일 물리학자 빌헬름 뢴트겐이 처음으로 엑스레이를 발견했을 때 그는 자신이 발견한 것이 무엇인지 몰랐거든요.

뢴트겐은 음극선으로 실험을 하고 있었어요. 음극선은 보이지 않는 전자빔으로, 거의 진공 상태인 관 안에서 쏘면 화학물질이 발라진 화면에 이미지를 만들어내요. 그는 이 전자빔이 유리관에 부딪힐 때 새로운 형태의 방사선이 생겨난다는 것을 알아냈어요. 그는 이것을 엑스레이라고 이름 붙이고 그것이 무엇인지 알아내려고 애썼어요. 뢴트겐은 실험을 통해 엑스레이는 부드러운 물질을 통과할 수 있으며 바륨이라는 화학물질이 발라져 있는 사진 건판에 이미지를 남긴다는 것을 보여주었어요.

### 죽음의 광선

뢴트겐은 이 광선을 종이에도 쏘고 천에도 쏘다가 생각했어요. 사람의 몸에 쏘면 어떻게 될까? 그의 아내인 안나

베르타는 사진 건판에 자신의 손을 올려놓았고 뢴트겐은 최초의 방사선 사진을 찍었어요. 엑스레이는 아내의 살은 통과했지만 뼈는 통과하지 못해 그대로 사진에 남게 되었어요. 안나 베르타는 소리쳤죠. "나의 죽음을 보았어!"

### 너무나도 유용한 광선

오늘날 과학자들은 엑스레이가 파장이 매우 짧은 전자기 방사선이라는 것을 알고 있어요. 이 광선이 원자와 부딪치면 이온이라는 전기가 통하는 입자를 생성하고, 이것이 엑스레이 이미지를 만들어낸다는 것을요. 이 엑스레이는 굉장히 유용해요. 영국 과학자 로잘린드 프랭클린은 엑스레이를 이용해 DNA 이미지를 찍기도 했어요(94쪽 참조). 하지만 엑스레이는 신체 세포에 해를 끼칠 수도 있어서 엑스레이를 사용하는 일을 하는 사람들은 방호복과 보호용 칸막이를 사용합니다.

## 의학적 용도

1913년 미국 물리학자 윌리엄 쿨리지는 엑스레이를 방출하도록 설계된 유리관에 텅스텐을 사용하기 시작했어요. 그 덕분에 물리학자들은 정확하게 통제할 수 있는 안정적이고 강력한 엑스레이를 만들 수 있게 되었어요. 환자와 의사 모두에게 더 안전하게 엑스레이를 만든 거죠. 이로 인해 엑스레이를 의학에 이용하는 것을 연구하는 학문, 즉 방사선학은 급속도로 발달했고 2차 세계 대전 동안 수많은 군인의 목숨을 구할 수 있었어요.

# MRI 스캐너

자석은 정말 대단한 물건이에요. 자석이 있으면 냉장고 문에 쪽지를 붙일 수도 있고, 나침반을 만들 수도 있죠. 아, 게다가 다른 사람의 머릿속, 심지어 여러분의 머릿속까지 들여다볼 수 있어요!

MRI(자기 공명 영상법)는 의사가 환자의 몸을 열어서 보지 않고도 속을 볼 수 있게 해 줘요. 그러니 특히 환자에게 무척 좋은 것이라 할 수 있죠. 1950년대와 60년대의 실험을 통해 몸에 자기 에너지를 퍼부으면 세포 속 수소 원자가 마구 흔들린다는, 즉 공명한다는 것을 알아냈어요. 그리고 자극을 받은 원자가 공명을 멈추면서 희미한 전파를 발생시킨다는 것도요. 이론적으로 이 전파를 이미지로 전환할 수 있을 것으로 생각했죠.

### 쓸모 있지만 쓸모없는

하지만 이 이론을 제대로 활용하지는 못하던 중, 마침내 1971년 뉴욕시의 의사인 레이몬드 다마디언이 자기 공명 기계를 떠올렸어요. 그는 병든 세포에서 방출되는 전파가 건강한 세포의 전파보다 더 오래 지속된다는 것을 깨달았고, MRI가 종양과 암을 찾아내는 데 도움을 줄 수 있을 것으로 주장했어요. 1년 후, 그는 MRI 스캐너로 특허를 획득했어요.

하지만 단 한 가지 문제가 있었죠. 이론은 다 준비가 되었지만, 실제로 사용할 수 있는 기계는 아무도 만들 줄 몰랐던 거예요.

### 래리, 몸속 좀 보여주게나

두 명의 과학자들이 다마디언을 도왔어요. 폴 로토버는 어떤 세포가 공명하는지 더 쉽게 알아볼 수 있도록 여러 단계로 나눈 다양한 자기장을 사용했어요. 확실히 더 보기 좋은 이미지가 만들어졌지만, 스캔 과정이 몇 시간이나 걸렸고 그 결과물 역시 여전히 선명하지 못했어요. 피터 맨스필드는 복잡한 수학을 동원해 더 선명한 이미지를 몇 초 만에 만들어낼 수 있는 새로운 방법을 생각해냈어요. 다마디언은 이 방법을 이용하여 1977년 최초의 인체 스캔 기계를 만들었어요. 그리고 제자인 래리 밍코프의 가슴을 스캔하는 데 성공했죠.

## 몸 안쪽을 보는 법

발명가들은 인간의 신체 내부를 보기 위해 수많은 방법을 떠올렸어요. 초음파 검사에서는 부드러운 내부 장기에 고주파를 쏘아 반사되어 나오는 빛으로 이미지를 만들어요. 초음파는 종종 자궁 속에서 커가는 아기들을 검사하는 데 사용되지요. 한편, 컴퓨터 단층 촬영(CT)은 엑스레이로 찍은 단면을 결합하여 3D 이미지를 만들고요. 양전자 방출 단층 촬영(PET)은 환자의 뇌에 (약한!) 방사성 물질을 주입하여 뇌의 활동을 연구하는 방법입니다.

# 백내장 레이저 수술

여러분은 과학 키트를 갖고 있나요? 과학 키트는 발명가가 되기 위한 첫걸음이 될 수도 있어요. 패트리샤 배스는 엄마에게 화학 실험 상자를 선물 받고 나서부터 과학에 관심을 두게 되었대요. 그리고 커서 새로운 안과 수술 방법을 개발하여 수천만 명의 환자들에게 밝은 시야를 선물했지요.

물론 화학 실험 상자가 있다고 누구나 발명을 할 수 있는 것은 아니겠죠. 엄청난 노력이 따라야 할 거예요. 배스의 아빠는 뉴욕 지하철 최초의 아프리카계 미국인 기관사였어요. 그리고 아빠와 엄마는 빈민가인 할렘에 살면서도 자녀들에게 큰 꿈을 품고 따르라고 격려를 아끼지 않았어요.

3년 만에 중등학교를 졸업한 배스는 의학 학위를 따고 안과학을 공부하기 시작했어요. 그녀는 아프리카계 미국인이 다른 미국인에 비해 안과 문제로 고통받는 일이 훨씬 많다는 것을 알게 되었어요. 그래서 지역 사회를 위해 더 나은 안과 진료를 베풀겠다고 계획을 세웠죠.

배스는 미국 로스앤젤레스에 있는 캘리포니아 대학(UCLA)에서 안과 의사들을 교육하는 새로운 방법을 만들어 소개했어요. 그리고 1980년대 초, 5년간의 연구를 통해 가장 흔한 안과 질환인 백내장을 치료하는 방법을 찾아냈어요.

### 백내장 치료하기

백내장이란 눈 속의 수정체가 뿌옇게 변해서 시야가 흐려지거나 희미해지는 질병입니다. 백내장은 전 세계 사람들의, 특히 가난한 지역에 사는 사람들의 시력을 잃게 만들고 있어요. 이런 백내장은 수술로 치료할 수 있는데, 그전까지 의사들은 백내장을 더 쉽게 제거할 수 있도록 초음파를 이용해 눈 속의 수정체를 잘게 부수었어요.

하지만 패트리샤는 수정체를 부술 때 레이저를 이용하는 방법을 생각해냈어요. 이 방법을 쓰면 눈에 상처를 조금만 내면 되므로 이전의 방법보다 회복이 훨씬 빨라졌어요.

이 수술법을 통해 전 세계 수천만 명의 사람들이 시력을 회복할 수 있었어요. 그녀의 발명은 백내장 제거용 탐침이라고 불린답니다.

### 레이저 수술

레이저(LASER)는 '복사의 유도 방출과정에 의한 빛의 증폭'의 줄임말이에요. 레이저 장치는 광자를 한 곳으로 집중시켜 레이저빔을 만들어냅니다. 이 레이저빔은 금속을 자르고 치아에 구멍을 낼 수 있을 정도로 높은 에너지를 담고 있어서 수술에도 사용할 수 있어요. 최초의 레이저는 1960년대 테오도르 메이먼이 발명했으며, 1973년에는 외과 의사가 환자의 시력 교정을 위해 수정체를 조절하는 수술에 레이저를 사용했어요.

# 6.

# 우리를 더 안전하게 해주는 발명

## 사건과 범죄 관련 발명

여러분은 운이 좋은 줄 알아야 해요. 요즘 현대 사회는 대체로 상당히 안전하잖아요. 여러분은 사람들을 지켜주는 발명품에 둘러싸여 살고 있어요. 차 안에도 여러분을 안전하게 지켜줄 장치가 있고, 집에 불이 났을 때도 경고해주는 장치가 있죠. 기술은 사람들의 안전을 유지해 주고, 재난 시에 구출해 주며, 범죄를 저지른 사람을 찾아내기도 합니다.

# 방탄조끼

얀 슈체파니크 집에서 일하는 사람들은 늘 안절부절못했어요. 이 폴란드 발명가는 자신의 방탄조끼가 제대로 역할을 하는지 테스트를 하기 위해 하인들에게 방탄조끼를 입히고 권총을 쏘아 댔거든요. 그래도 다행히 발명에 성공했지요!

1500년경 총이 발명되자마자 사람들은 총알을 막는 방법을 발명하기 시작했어요. 처음엔 철로 만든 갑옷을 입었죠. 일본의 갑옷은 실크처럼 부드러운 옷감을 여러 겹 껴입어 단단한 옷감보다 총알의 충격을 더 잘 흡수했어요.

### 초강력 실크

19세기 말, 미국 의사 조지 굿펠로우는 총격전을 목격했어요(그가 사는 곳은 툼스톤으로 미국 서부에서도 가장 폭력적인 동네였기에, 총격전이 자주 일어났어요). 한 남자가 가슴 주머니에 넣어놓았던 실크 손수건 덕분에 총을 맞고도 목숨을 구한 것을 보고, 굿펠로우는 실크를 30장 이상 겹쳐서 방탄조끼를 만들면 되겠다고 생각했어요. 문제는 그 조끼 가격이 사람들이 1년 동안 버는 돈보다 훨씬 많이 나갔다는 거예요.

### 더 나은 조끼를 위하여

20세기에 세계 대전을 치르는 동안, 방탄복은 급속도로 성장했어요. 철은 너무 무거워서 쓸 수가 없었고, 실크는 너무 비싸서 쓸 수가 없었어요. 대신 누빈 나일론 안에 가벼운 플라스틱이나 도자기 판을 넣은 방탄조끼를 만들게 되었어요.

그러던 중 1965년 획기적인 돌파구가 마련되었어요. 미국 화학자 스테파니 퀄렉이 케블라라는 새로운 플라스틱을 발명했거든요. 케블라로 물건을 만들면 강철보다 다섯 배는 강하면서도 무게는 무척 가벼웠어요. 케블라로 조끼를 만들면 총알뿐만 아니라 칼도 막을 수 있었죠. 덕분에 케블라는 군대와 경찰에 큰 인기를 끌었어요.

### + 발명가 스테파니 퀄렉(1923~2014)을 만나 봐요

퀄렉은 미국 듀퐁사의 화학자였어요. 그녀는 새로운 인공 물질을 개발하던 중 우연히 탁한 액체를 만들어냈어요. 그리고 그 액체에서 가는 섬유 조직을 뽑아냈는데 이것이 바로 케블라였어요. 지금은 백만 개가 넘는 방탄조끼가 바로 이 케블라로 만들어지게 되었죠. 퀄렉은 자신의 발명품에 대해 이렇게 말했어요. "사람의 생명을 구하는 것만큼 만족스럽고 행복한 일은 없을 것으로 생각합니다."

# 지문 분석

1892년 아르헨티나의 한 시골 마을, 프란시스카 로하스의 어린 아들과 딸이 집에서 살해를 당했어요. 며칠 후 경찰관은 말라붙은 핏자국에서 지문을 발견했어요. 이 경찰관은 지문 분석이라는 새로운 수사 방법을 배운 적이 있었기에, 그 지문이 프란시스카 로하스의 것과 일치한다는 것을 밝혀냈죠. 그녀는 지문 증거로 유죄 판결을 받은 최초의 범죄자였어요.

손가락을 한 번 자세히 들여다보세요. 손가락 끝마디에 곡선 무늬가 있을 거예요. 뭔가를 잡을 때 미끄러지지 않게 도와주는 역할을 하는 이 지문은 기본적으로 세 가지 모양, 고리 모양, 소용돌이 모양, 활 모양이 있어요. 사람들은 이 기본 모양을 바탕으로 제각기 조금씩 다른 지문을 갖고 있어요. 그래서 지문으로 개개인을 구별할 수 있는 거예요. (첨단 제품 제조업자들이 컴퓨터나 스마트폰 잠금 해제에 지문 스캐너를 사용하는 것도 같은 이유랍니다.)

### 이건 범죄군!

지문은 고대 중국, 이후에 페르시아에서도 신원 확인에 이용되었어요. 18~19세기 동안 유럽인들도 지문에 대해 더 알아내기 위해 노력했다고 해요.

1870년대 미국의 현미경 전문가인 토마스 테일러는 지문을 분석하면 범죄자를 밝혀낼 수 있을 것으로 생각했어요. 모든 사람의 피부는 몸에서 분비된 기름(우웩!)으로 덮여 있어요. 그래서 무언가를 만지면 그 자국이 남게 되죠. 깨끗한 유리잔에 지문이 찍히면 모를까, 보통은 이 자국이 잘 보이지 않아요. 그래서 지문 위에 고운 가루를 뿌리는 거예요. 그러면 가루가 기름에 달라붙어서 그 무늬가 드러난답니다.

프랑스 경찰 알퐁스 베르티옹은 지문을 포함해 범죄자들의 신체적 특징을 기록한 데이터베이스 카드를 갖고 다니기 시작했어요. 요즘은 컴퓨터가 있어서 수십만 명의 지문을 바로바로 확인해 주지만요.

아르헨티나 경찰관 후안 부체티크는 베르티옹의 이야기를 듣고는 지문에 아주 흥미를 갖게 되었고, 다른 경찰관들에게도 수사에 지문을 이용하라고 가르치기 시작했어요. 그래서 프란시스카 로하스를 잡을 수 있었던 거예요!

### + 발명가 후안 부체티크(1858~1925)를 만나 봐요

후안 부체티크의 직업은 베르티옹처럼 신체 측정 기술을 이용해 범인을 확인하는 것이었어요. 그는 두 개의 지문이 같을 확률이 6천4백만 분의 1이므로, 지문을 이용하면 범죄자 찾기가 훨씬 쉬워질 것으로 생각했어요. 부체티크는 범죄자들의 지문을 채취하면서, 아르헨티나 경찰들에게도 지문 분석법을 가르치기 시작했어요.

# DNA 지문 분석

1988년 영국의 피치포크라는 남자는 두 명의 십대 소녀를 살해한 죄로 유죄 판결을 받았어요. 그가 유죄를 받게 된 것은 목격자의 증언 때문이 아니라 법의학자가 발견한 증거 때문이었어요. 그는 인간의 유전자 구성을 '지문 분석'하는 새로운 기술로 유죄를 받게 된 최초의 인물이었죠.

### 디옥시...뭐?

유전자 지문 분석은 흔히 DNA(정식 명칭은 디옥시리보핵산)라고 알려진 물질을 바탕으로 해요. DNA는 사람의 몸속 모든 세포에 들어 있는 유전자를 구성하고 있어요. 이 유전자는 세포들에 단백질을 어떻게 만들어낼지 가르쳐줍니다. 유전자가 시키는 대로 세포가 일하면 가족들과 비슷하지만, 그 누구와도 똑같지 않은 사람이 탄생하는 거예요. 영국의 화학자 로잘린드 프랭클린은 1952년 DNA의 모양을 보여주는 사진을 찍음으로써 DNA의 구조를 밝혀내는 데 도움을 주었어요. 하지만 당시에는 그 발견이 인정을 받지는 못했어요. 그녀의 사진을 이용해서 다른 연구를 한 발명가들만 명성을 얻었죠.

### 유전자 속 모든 것

모든 사람은 99.9%의 DNA를 공유하고 있어요. 하지만 1984년 영국 생화학자 알렉 제프리는 나머지 0.1%의 DNA로 개개인을 구별할 수 있다는 것을 깨달았죠.

### 가족 유사성

제프리는 매우 다양한 0.1%의 DNA 서열 중에서 미니새틀라이트(mini-satellites)라고 불리는 DNA의 패턴을 연구하고 있었어요. 이 부분에서 질병과 관련된 새로운 발견을 할 수 있을 것으로 기대하고 있었죠. 그는 한 가족 구성원들로부터 DNA를 채취하여 엑스레이를 찍어보았고, 그들의 DNA 패턴이 가족이라는 것을 알 수 있을 만큼 비슷하지만, 또 제각기 다른 인간이라는 것을 확인할 수 있을 만큼 차이가 난다는 것을 알게 됐어요. 이후에 제프리는 말했죠. 엑스레이 필름은 무척이나 복잡해 보이지만 DNA로 개개인을 구별하는 데는 30분도 안 걸린다고요.

제프리의 증거는 피치포크의 유죄를 입증하는 데 도움을 주었어요. 그리고 먼저 살인을 자백했던 사람은 죄가 없다는 증거도 되어주었죠. 이 기술이 죄가 있는 사람과 결백한 사람을 동시에 드러낸 거예요! 이때부터 모든 경찰과 변호사들이 DNA 증거를 이용하기 시작했어요.

### + 과학자 마가리타 살라스 팔구에라스 (1938~2019)를 만나 봐요

범죄 현장에 아주 적은 양의 혈액이나 머리카락만 남아 있다고 상상해 보세요. 그 안에 들어 있는 DNA를 분석하면 거기에 누가 있었는지 밝혀낼 수 있어요. 만약 DNA 양이 너무 적어 분석이 힘든 상황이라면 이탈리아 과학자 팔구에라스가 개발해 낸, 간단하지만 믿을 만한 방법을 통해 아주 적은 양의 DNA로도 많은 양의 실험을 할 수 있게 되었어요.

# 자동차 안전장치

세계에는 약 10억 대가량의 자동차가 있어요. 그런데 안타깝게도 운전에 주의를 기울이지 않는 운전자들이 있죠. 그러다 보니 수시로 사고가 일어나요. 하지만 20세기 중반의 발명품 두 가지로 인해 운전이 훨씬 더 안전해졌어요. 바로 안전벨트와 에어백 말이에요.

최초의 안전벨트는 자동차가 아니라 초기 비행기 때문에 만들어졌어요. 19세기 중반 조지 케일리는 자신의 글라이더에 현대적인 여객기에서 볼 수 있는 것과 비슷한 한 줄짜리 안전벨트를 달았어요.

### 마법의 숫자 3

1950년대에 이르자 케일리의 안전벨트가 차에도 이용되었어요. 하지만 자동차는 글라이더보다 훨씬 빨랐죠. 스웨덴 자동차 회사, 볼보에서 안전 기술자로 일하던 닐스 보흘린은 고속 충돌 사고에서 한 줄짜리 벨트는 오히려 사람을 다치게 할 것을 걱정했어요. 그래서 1959년 그는 한 손으로 착용할 수 있는 새로운 벨트를 디자인했어요. 허리 부분과 더불어 가슴까지 고정해주는 안전벨트였죠. 이 벨트는 세 군데, 즉 양쪽 허리와 어깨 뒤쪽에서 운전자를 단단하게 고정했어요.

이 3점식 안전벨트 덕분에 자동차 충돌 사고로 인한 사

망률이 50% 이상 줄었어요. 안전을 생각해서 볼보사는 다른 회사에서도 이 안전벨트를 무료로 사용할 수 있게 했어요. 2009년 계산해 본 결과 지금까지 이 발명품으로 적어도 백만 명의 목숨을 구했다네요.

### 에어백이 펑!

비슷한 시기, 존 헤트릭이라는 기술자는 자동차 사고로 큰일을 겪을 뻔한 경험을 바탕으로 에어백을 발명하기 시작했어요. 그가 급브레이크를 밟자, 그와 아내는 본능적으로 팔을 뻗어 딸이 앞으로 날아가는 것을 막으려 했어요. 헤트릭은 에어백이 똑같은 역할을 해줄 것으로 생각했죠.

미국 해군이었던 헤트릭은 어뢰 속 압축 공기가 캔버스 천으로 만든 주머니를 부풀리는 것을 보고, 이 아이디어를 자신의 발명품에 적용했어요. 그는 에어백을 자동차에 설치하고, 자동차가 갑자기 멈췄을 때만 가스가 차게 했어요. 갑작스러운 충돌로 몸이 앞으로 쏠렸을 때 이 에어백이 충격을 완화하는 거죠. 그는 1953년 이 발명으로 특허를 받았지만, 자동차에 에어백이 기본적으로 장착되기 시작한 것은 10년이 지나서였어요.

# 소방차

최초로 소방차를 발명한 것이 누구인지 아는 사람은 없지만, 아마도 소방차의 역사는 고대 로마로 거슬러 올라갈 거예요. 물론 당시에는 사이렌이나 사다리가 없었을 테고 빨간색도 아니었겠죠. 오히려 물이나 모래를 잔뜩 실은 손수레나 마차 모양이었을 거예요. 별것 아닌 것 같아도 여러분 집에 불이 났다면 그 손수레도 반가울걸요!

로마인들은 수레에 있는 물탱크에 관을 꽂고 수동 펌프를 이용해 물을 뿌렸어요. 그리고 사람들은 양동이로 물을 떠서 물탱크를 계속 채웠고요. 이렇게 물탱크와 수동 펌프가 달린 탈 것이 이후 몇 세기 동안 소방차 역할을 했어요. 불에 금방 타버리는 목조 건물이 가득한 도시에서는 화재가 끔찍한 위협이었어요. 런던에서는 1666년의 화재로 13,000채의 집이 파괴되었대요. 런던 시장 말로는 처음엔 너무 작은 불이라 누군가 오줌만 눠도 끌 수 있을 정도였는데 그게 크게 번지고 말았다고 해요.

### 양동이가 없으면 안 돼

1600년대에는 좀 더 발전된 모습의 소방차가 만들어졌고, 1700년대에는 영국과 북아메리카의 도시에 더 많은 소

방차가 등장했어요. 그때는 아직 양동이를 이용해서 물탱크를 채웠고 화재 현장까지 차를 손으로 직접 끌고 가야 했지요(말은 너무 예민해서 불타는 건물 근처로 데리고 갈 수가 없었거든요).

### 대단한 증기

19세기가 되자 여러 가지 발전이 이루어졌어요. 우선 연못이나 저수지에서 물을 빨아들일 때 증기기관을 사용하기 시작했어요. 그리고 증기 펌프를 이용해서 물을 더 멀리까지 쏠 수 있게 되었어요. 즉 소방차가 화재 현장 바로 앞까지 가지 않아도 되니 소방차를 끌던 말들이 훨씬 편안해졌어요. 1900년대 즈음에는 말 대신 가솔린 엔진을 사용하기 시작했답니다.

## 소방차란?

물과 호스를 가지고 다니는 기본적인 소방차는 양수차라고 불러요. 19세기 말 최초로 고층 건물이 등장하자 소방차에도 길이를 늘일 수 있는 사다리를 장착했어요. 요즘 소방차 중에는 사다리 턴테이블이 달려 있어 사다리를 어느 방향으로든 회전시킬 수 있는 것이 있어요. 또 높은 곳의 사람을 구출하기 위해 사다리 끝에 바스켓이 달려 있는 소방차도 있답니다.

# 연기 감지기

토스트를 태우는 바람에 연기 감지기에서 귀가 찢어질 것 같은 알람이 울려 괴로웠던 적이 있나요? 없었다면 다행이고, 있었다면 연기 감지기에 고마워하세요. 이 기계 덕분에 주택 화재가 절반으로 줄었으니까요. 연기는 무언가가 타면서 뿜어져 나오는 탄소 입자와 가스 때문에 생기는 것이며, 연기 감지기는 이 연기를 감지하면 알람을 울려요. 연기가 난다는 것은 불이 있다는 뜻이잖아요!

### 버터로 화재 감지를?

1900년대 초 영국의 버밍엄에 살던 전기 기술자 조지 다비는 생각지도 못한 방법으로 사람들에게 화재를 알리는 법을 떠올렸어요. 다비는 금속 쟁반 두 개가 달린 전기 회로를 만들고 쟁반 사이에 버터 덩어리를 끼워 넣었어요. 불이 나서 뜨거워지면 버터가 녹아서 쟁반이 서로 접촉하게 되고, 그러면 회로가 닫혀 알람이 울리는 원리였죠(다른 사람들은 녹은 버터만 보면 갓 튀긴 팝콘을 생각할 텐데 말이죠). 다비의 감지기는 실용적이지 못했어요. 버터가 다 녹을 시간이면 이미 불이 크게 번졌을 테니 말이에요.

### 가스다, 가스!

불이 났을 때 열이 아니라 연기로 알아채는 경우가 많아요(연기는 화재의 가장 큰 위험 요소이기도 해요. 화재로 사망한 사람의 대다수가 연기 흡입 때문에 죽거든요). 1939년 스위스 물리학자 에른스트 마일리는 광산 내부에 유독 가스를 감지하는 장치를 발명했어요. 과거에는 지하 공기를 테스트하기 위해 카나리아라는 새를 이용했어요. 이 새가 죽으면 광산에서 나갈 때가 되었다는 표시로 받아들였죠. 대신 마일리는 이온화 챔버 장치를 만들었어요. 전극이라고 불리는 두 개의 극 사이에 전하를 띈 원자, 즉 이온이 흐르는데, 장치가 가스를 감지하면 이 이온의 흐름이 깨지면서 알람이 울리는 거예요.

### 점점 더 작게, 예민하게

마일리의 장치는 곧 연기 감지에 사용되기 시작했어요. 하지만 1950년대까지는 가정에서 쓰기엔 너무 커서 주로 공장에서 이용했어요. 그러나 1969년에 배터리를 이용한 더 작은 감지기를 만들어 특허를 땄죠. 몇 년 후, 미국의 도널드 스틸과 로버트 엠마크는 훨씬 더 예민한 광전자 연기 감지기를 만들어냈어요. 이 감지기는 광선을 쏘아서 공기 중의 연기 입자 때문에 빛이 방해를 받는지 확인하여 화재를 감지하는 장치였어요.

## 정말 고마운 장치

오늘날 대부분의 효과적인 연기 감지기는 이온화식과 광전자식을 합친 것이에요. 간단하게 말하면 이온화식 감지기는 보통 불꽃이 큰 화재에 반응하고, 광전자식 감지기는 불꽃은 덜 하지만 연기가 많이 나는 화재에 잘 반응하기 때문에 이 둘을 결합한 거죠.

# 구조 로봇

지진이 일어나 붕괴된 건물 안에 갇혀 있다고 상상해 보세요. 잠시 후 무슨 소리가 들리자 여러분은 손전등을 켜 봅니다. 아마 구조대원이 여러분을 찾으러 온 것일 거예요. 그리고 무너진 잔해 사이 작은 구멍으로 기어들어 온 것은……, 마치 거대 바퀴벌레처럼 생겼군요! 당신이라면 a) 발견되어 기뻐한다 b) 비명을 지른다 c) 기절한다?

농담(심지어 악몽)처럼 들리겠지만 미국 버클리에 있는 캘리포니아 대학에서는 실제로 이런 발명이 이루어지고 있어요. 이 '바퀴벌레 로봇'은 껍데기 같은 외형까지 진짜 바퀴의 특징을 본떠 만든 소형 로봇으로 재난 현장에서 생존자를 찾는 일을 해요. '관절 메커니즘을 갖춘 압축 가능한 로봇'의 앞글자를 따 크램(CRAM)이라 부르죠.

### 동물을 닮은 로봇

크램은 인간이 직접 들어가기에는 너무 위험한 상황에 투입하기 위해 개발한 최신 로봇이에요. 현대의 구조 로봇은 대부분 어떤 환경에서도 작동할 수 있어요. 바닷속 연체동물을 닮은 벨록스는 얼어붙은 호수처럼 차갑고 위험한 물에서 사람을 구조할 수 있고, 스네이크봇은 기다랗고 가는

몸에 관절이 12개 있어서 좁은 공간을 기어서 통과하거나 나무에 오를 수 있죠.

## 로봇 전쟁

드론은 재난 지역에 보급품을 전달하고, 실종자를 찾거나, 산에서 고의로 폭약을 터뜨려 통제된 산사태를 일으킬 수도 있어요. 콜로수스, 써마이트 RS1, RS2 등과 같이 화재 진압에 사용되는 로봇은 화재 현장에 가까이 접근해서 어마어마한 양의 물이나 거품을 쏟아내지요. 한편 제브로는 조그만 곤충 모양 로봇으로 떼를 지어 다니며 재난 현장에서 생존자를 찾아요. 바다에서는 리모컨으로 작동하는 로봇 구명보트를 이용해 사람을 구하고 있답니다.

### ❓ 여러분이라면?

공상 과학 영화에 익숙한 사람이라면 대부분의 인명 구조 로봇이 사람을 닮지 않은 것이 조금 아쉬울 수도 있을 거예요. 하지만 여기에는 다 이유가 있어요. 구조 로봇은 좁은 틈새를 비집고 들어갈 수 있어야 하고 거친 땅에서도 이동할 수 있어야 하거든요. 여러분만의 구조 로봇을 설계하고 싶다면 특정한 환경에서 작동하는 데 어떤 기능이 필요할지 먼저 생각해 봐야 할 거예요. 구조용 로봇은 어떤 모양이 가장 적합할까요? 또 어떤 장치를 달면 더 쓸모 있을까요?

# 이제 여러분 차례에요

원래 이 마지막 장 제목은 '다음 발명품은?'이라고 지을 예정이었어요. 하지만 다음 세대에 어떤 발명품이 만들어질지는 사실 아무도 모르잖아요. 예를 들어 여러분의 부모님이 어렸을 적에는 오늘날 흔히 쓰는 스마트폰이나 드론 같은 발명품을 상상도 하지 못했을 테니까요.

앞으로 만나게 될 발명품이 무엇일지는 예측할 수 없을지 몰라도 그 발명의 주인공이 여러분들이라는 사실은 변함이 없어요. 세상에 대해 호기심이 많고 무엇이든 세심하게 관찰하는 어린이 여러분. 문제가 생기면 해결하고 싶어 하는 여러분. 어딘가에 아주 작은 변화만 주면 개개인을, 산업을, 이 지구를 도울 수 있다는 것을 아는 여러분. 그래서 이 장의 제목을 '이제 여러분 차례에요'라고 지은 거예요.

### 도전에 직면한다는 것

필요는 발명의 어머니라는 격언이 있죠. 다른 말로 하면, 무언가를 해내야 한다면 그 방법을 고민하게 된다는 뜻이에요. 인류에겐 풀어야 할 과제가 많아요. 가장 시급한 것 중 하나는 새로운 형태의 재생 가능한 에너지를 찾아내는 거예요. 이미 많은 사람이 공해가 없는 물질, 에너지 효율이 좋은 이동 수단, 기후 변화를 측정할 방법을 찾아내고 있어요. 우리가 맞닥뜨린 문제가 너무 어렵고 힘든 것처럼 느껴질 수도 있지만, 인류가 만들어낸 발명의 역사를 생각해 보세요. 결국, 우리도 이 문제를 해결할 수 있을 거예요.

### 작은 것부터 시작해요

발명가라고 해서 꼭 대단한 것을 만들어야 하는 것은 아니에요. 미국의 발명가 릴리 본을 보세요. 그녀는 8살의 나이에 파킨슨병에 걸린 할아버지를 위해 쏟음 방지 컵을 만들었어요. 일반 컵에 다리만 더 달았더니 간편하지만 효과적인 컵이 완성됐죠. 그녀가 세계를 구했다고는 할 수 없지만 작은 변화를 만들어낸 것은 사실이잖아요?

### 당장 시작해요!

이 책에서 '여러분이라면?'이라는 코너를 봤을 거예요. 일단 거기에서부터 시작해 보는 거예요. 완전히 새로운 물질을 만들어내기 위해 화학물질을 섞어댈 건가요? 그걸로 뭘 하게요? 집에 있는 전기장치를 다 분해했다가 다시 조립해서 새로운 기계를 만들 건가요? (절대 안 돼요!) 차라리 산책하러 나갔다가 발명이 필요해 보이는 것들을 찾아내는 것은 어때요? 더 보기 쉬운 도로 표지판이나, 신기 쉬운 장화 같은 것은 만들 수 있지 않겠어요?

이 책에 소개된 발명은 빙산의 일각이에요. 말도 못 하게 많은 것들이 이미 발명되었지만, 또 셀 수도 없이 많은 것들을 앞으로 발명할 수 있어요. 뭘 기다리는 건가요? 당장 시작하세요!

# 연대표

## 1450년대
**1450** 요하네스 구텐베르크가 인쇄기를 발명하다

## 1590년대
**1590** 한스 얀센과 차하리아스 얀센이 작동되는 현미경을 만들다

**1596** 존 해링턴이 수세식 변기를 발명하다

## 1600년대
**1608** 한스 리퍼세이가 망원경을 만들어냈다고 주장하다

## 1710년대
**1712** 로버트 스트리트가 내연기관을 발명하다

## 1790년대
**1794** 토마스 뉴커먼이 증기기관의 초기 형태를 발명하다

## 1800년대
**1800** 알렉산드로 볼타가 최초의 배터리를 발명하다

## 1820년대
**1826** 조제프 니세포어 니엡스가 최초로 변하지 않는 사진을 찍다

**1829** 로버트 스티븐슨이 증기기관차 로켓을 만들다

## 1830년대
**1830** 찰스 배비지가 기계식 계산기를 발명하다

**1838** 사무엘 모스가 모스부호를 발명하다

**1839** 에드몽 베크렐이 (태양열 발전의 기초가 되는) 광전지 효과를 설명하다

## 1840년대
**1843** 에이다 러브레이스가 최초의 컴퓨터 프로그램을 만들어내다.

## 1850년대
**1856** 알렉산더 파크스가 최초의 플라스틱을 성공적으로 발명해내다.

## 1860년대
**1862** 에티엔 르누아르가 3륜 자동차를 만들다

## 1870년대
**1876** 알렉산더 그레이엄 벨이 전화기로 특허를 내다

**1876** 니콜라우스 오토가 4행정기관을 개발하다

## 1880년대
**1880** 세계 최초의 석탄 화력 발전소가 전기를 생산하다

**1880년대** 메리 월튼이 기차의 소음과 매연을 줄이는 방법을 발명하다

**1885** 칼 벤츠가 3륜 자동차 모터바겐을 만들다

**1886** 조세핀 코크런이 기계식 식기세척기를 개발하다

**1889** 조지 이스트먼이 투명필름을 발명하여 사진을 대중화하다

## 1890년대
**1892** 최초로 지문 증거로 살인자의 죄를 입증하다

**1894** 굴리엘모 마르코니가 최초로 무선 신호를 보내다

**1895** 빌헬름 뢴트겐이 엑스레이를 발견하다

## 1900년대
**1900** 최초로 무선통신으로 목소리 신호가 전송되다

**1901** 휴버트 세실 부스가 최초의 진공청소기를 발명하다

**1903** 라이트 형제가 세계 최초로 자신들의 비행기를 타고 동력 비행을 하다

**1903** 마리 퀴리와 피에르 퀴리가 방사능 발견으로 노벨상을 받다

## 1910년대

**1913** 미국의 프레드 W. 울프가 최초의 가정용 냉장고를 발명하다

**1913** 윌리엄 쿨리지가 엑스레이를 만들어내는 안전한 방법을 개발하다

**1914** 플로렌스 파파르가 가정용 냉장고를 발명하다

## 1930년대

**1934** 월리스 캐러더스가 나일론을 발명하다

**1938** 리제 마이트너와 오토 한이 핵분열을 발견하다

**1939** 이고르 시코르스키가 최초의 성공적인 헬리콥터를 발명하다

## 1950년대

**1952** 로잘린드 프랭클린이 DNA 구조 이미지를 찍다

**1953** 존 W. 헤트릭이 에어백으로 특허를 받다

**1954** 최초의 컬러 TV가 생산되다

**1956** 세계 최초의 상업적인 원자력 발전소가 작동을 시작하다

**1957** 메리 셔먼 모건이 로켓 연료를 발명하다

**1958** 룬 엘름크비스트와 아케 세닝이 심장박동 조절 장치를 만들다

**1959** 닐스 모흘린이 자동차용 3점식 안전벨트를 발명하다

## 1970년대

**1977** 레이몬드 다마디언이 최초로 인체를 MRI 스캔하다

## 1990년대

**1990** 팀 버너스 리가 월드 와이드 웹을 발명하다

**1993** GPS 시스템을 사용할 수 있게 되다

## 2000년대

**2007** 애플이 최초의 터치스크린 스마트폰을 출시하다

**2008** 미국 회사 테슬라가 전기 자동차를 소개하다

## 1920년대

**1924** 존 로지 베어드가 TV 이미지를 전송하기 위해 기계 시스템을 이용하다

**1926** 로버트 그다드가 세계 최초로 로켓을 발사하다

## 1940년대

**1941** 콘라트 추제가 프로그램을 작동할 수 있는 컴퓨터를 만들다

**1942** 엔리코 페르미가 최초의 지속 가능한 핵 연쇄 반응을 일으키다

**1942** 헤디 라머가 주파수 전송 방식으로 특허를 받고 와이파이 발전에 기여하다

## 1960년대

**1960년대** 그레이스 호퍼가 코볼이라는 컴퓨터 언어 사용을 장려하다

**1965** 스테파니 퀄렉이 케블라를 발명하다

**1969** 최초로 우주인이 탄 우주선이 달에 착륙하다

**1969** 마리 밴 브리탄 브라운이 가정 보안 시스템으로 특허를 받다

## 1980년대

**1981** 최초의 디지털카메라가 생산되다

**1981** 나사의 재사용할 수 있는 우주왕복선이 최초로 하늘을 날다

**1983** 제임스 다이슨이 먼지 봉투 없는 진공청소기를 발명하다

**1984** 최초의 자기부상 열차가 가동될 준비가 되다

**1985** 올가 곤잘레스 사나브리아 (외 여럿)이 오래 가는 니켈 수소 건전지로 특허를 따다

**1988** 영국에서 최초로 유죄 선고에 DNA 지문 분석이 사용되다

**1988** 패트리샤 배스가 백내장 치료를 위해 레이저 수술을 시행하다

**1988** 마가리타 살라스 팔구에라스가 DNA 샘플링 기술로 특허를 받다

## 2010년대

**2011** 아자 압델 하미드 파이아드가 플라스틱으로 바이오 연료를 만드는 새로운 방법을 발명하다

**2016** 마나사 멘두가 에너지를 모으는 하비스트 장치를 발명하다

**2017** 구글이 공공 도로에서 최초로 무인 자동차를 시험하다

# 용어 사전

**가솔린** – 내연기관의 연료로 사용되는 석유의 한 종류

**광자** – 빛이나 전자기 방사선의 입자

**기계식** – 하나의 기계 혹은 여러 기계를 움직여 작동시키는 것. 전자식이나 디지털과 구분됨

**기관차** – 동력을 공급하여 객차를 끄는 데 사용하는 철도용 차량

**나침반** – 자석화한 바늘을 이용해 방향을 알아내는 장치

**냉전 시대** – 1945년에서 1990년 사이 미국과 소비에트 연방 사이 정치적인 적대감이 흐르던 시기

**디지털** – 숫자 0과 1의 형태로 정보를 만들고 저장하는 방식

**레이저** – 강력한 광선을 만들어내는 장치

**로봇** – 자동으로 기능하는 기계. 때로는 인간의 형태나 움직임을 닮기도 함

**물리학** – 물질과 에너지의 속성 그리고 자연을 연구하는 과학 분야

**바이오 연료** – 유기체에서 나온 (자연적인) 물질로 만든 연료

**박테리아** – 질병을 일으킬 수 있는 단세포 유기체

**발견** – 이전까지는 이해하지 못했던 것을 배우거나 이해하는 과정

**발명** – 아직 없는 기술이나 물건을 새로 생각하여 만들어내는 것

**발전기** – 회전과 같은 기계 에너지를 전기 에너지로 전환하는 기계

**방사선** – 살아 있는 생물을 해할 수 있는 높은 에너지의 전자기파 형태

**배기가스** – 화학 반응 후에 남아서 배출되는 가스

**볼 코크** – 물탱크 안에서 파이프를 열었다 닫았다 하는 밸브

**사이클론** – 중앙축 주변으로 강한 바람을 일으키는 시스템

**산업혁명** – 1700년대 말과 1800년대 초, 유럽과 북아메리카에서 일어난 급속 산업화 시기

**섬유소** – 면과 같은 식물 섬유나 식물 세포벽을 형성하는 물질

**수중익선** – 선체에 수평 '날개'가 달려 있어 빠른 속도로 움직일 때는 선체를 물 위로 띄워 올리는 배

**실리콘** – 전기 회로를 만들 때 사용하는 비금속 물질

**암** – 신체 일부에서 통제 불가능한 세포의 분열로 인해 생기는 질병

**암모니아** – 색이 없지만 냄새는 강한 기체로 물에 잘 녹으며 종종 액체 세제로 이용됨

**압축 공기** – 높은 압력 아래에 보관된 공기

**역청** – 끈적거리는 검은 물질로 자연적으로 만들어지기도 하고 석유 제조 과정에서 생산되기도 함

**연쇄 반응** – 화학물질이 생겨나는 화학 반응으로 외부에서 에너지를 가하지 않아도 계속 반복적으로 진행되는 반응

**유전자** – 부모에게서 자녀에게 유전 형질을 전달해주는 생물학적 단위

**이산화탄소** – 무언가를 태우거나 인간이 숨을 내뱉을 때 생기는 무색, 무취의 기체로 지구 온난화를 일으킬 수 있다

**인공 지능** – 의사 결정이나 시각 신호 해석처럼 보통 인간의 지능이 필요한 작업을 할 수 있게 만드는 컴퓨터 시스템의 개발

**인공위성** – 지구 주위 궤도를 도는 인공적인 물체

**장기** – 심장, 폐, 뇌처럼 특정한 목적이 있는 신체 구조

**저수지** – 물 공급을 위한 자연적 혹은 인공적 호수

**전극** – 전류가 드나드는 곳

**전자** – 음전하를 지닌 원자보다 작은 입자로 전류를 전달하는 주요 수단

**전자석** – 겉에 전선을 둘러 전류를 통하게 한 자석으로 전류가 흐르면 자기화되고 전류를 끊으면 원래 상태로 돌아감

**진공** – 아무것도 포함하고 있지 않은 공간

**집적회로** – 실리콘 같은 반도체 소재의 작은 조각 위에 만든 전자 회로

**초전도체** – 아무런 저항 없이 전류를 쉽게 전달할 수 있는 물질

**터빈** – 높은 압력의 유체를 날개바퀴의 날개에 부딪치게 함으로써 회전하는 힘을 얻는 원동기

**특허** – 일정 기간 한 사람에게만 새로운 발명품을 만들어내거나 팔 수 있는 권리를 주는 것

**폐쇄 회로 카메라** – 보안의 이유로 영상이나 비디오를 녹화하는 카메라

**플라스틱** – 유기화학물질로 만든 합성 재료로 부드러울 때 틀에 넣어 형태를 잡을 수 있고, 단단하거나 약간의 탄성이 있는 형태로도 만들 수 있음.

**피스톤** – 꼭 맞는 관 안에서 위아래로 움직이는 실린더나 원반

**화석 연료** – 수천 년 전 식물성 물질이 부패하면서 만들어진 석탄이나 가스 같은 연료

# 더 알아보기

**과학 & 발명**
+ 다양한 읽을거리와 볼거리가 있는 영국 과학박물관 :
www.sciencemuseum.org.uk

+ 과학과 발명 역사 연대표 :
https://www.explainthatstuff.com/timeline.html

+ 위대한 발명가들의 전기를 볼 수 있게 링크가 연결되어 있는 색인 페이지 :
https://www.history.com/topics/inventions

**에너지 관련 발명**
+ 세계 원자력 협회에서 제공하는 원자력의 역사 :
https://www.world-nuclear.org/information-library/current-and-future-generation/outline-history-of-nuclear-energy.aspx

+ 발명가 알렉산드로 볼타가 기부한 볼타의 전지에 대한 영국 왕립연구소 페이지 :
https://www.rigb.org/our-history/iconic-objects/iconic-objects-list/voltaic-pile

**교통 관련 발명**
+ 스미스소니언 박물관에서 제공하는 비행에 관련된 라이트 형제의 눈부신 발견, 로켓과 미사일에 대한 정보 :
https://airandspace.si.edu/exhibitions/wright-brothers/online/ and
https://airandspace.si.edu/learn/highlighted-topics/rockets-and-missiles

**정보와 통신 관련 발명**
+ 1909년 노벨상을 수상한 굴리엘모 마르코니의 전기, 노벨 위원회 제공 :
https://www.nobelprize.org/prizes/physics/1909/marconi/biographical/

+ 알렉산더 그레이엄 벨과 전화기 :
https://www.sciencemuseum.org.uk/objects-and-stories/ahoy-alexander-graham-bell-and-first-telephone-call

+ 월드 와이드 웹의 발명가 팀 버너스 리에 대하여 :
https://www.w3.org/People/Berners-Lee/

+ 갈릴레오와 초창기 망원경에 대한 미국 의회도서관 기사 :
https://www.loc.gov/collections/finding-our-place-in-the-cosmos-with-carl-sagan/articles-and-essays/modeling-the-cosmos/galileo-and-the-telescope

**일상 생활 관련 발명**
+ 수세식 변기의 역사 :
https://www.baus.org.uk/museum/164/the_flush_toilet

**의학 관련 발명**
+ 현미경의 발명이 우리에게 어떤 도움을 주었는가 :
https://www.smithsonianmag.com/science-nature/what-we-owe-to-the-invention-microscope-180962725/

+ 영국 도서관 정보 페이지 내 엑스레이 발명가 빌헬름 뢴트겐 문서 :
https://www.bl.uk/learning/cult/bodies/xray/roentgen.html

**사건과 범죄 관련 발명**
+ 과학 수사에서 지문의 역사 :
https://science.howstuffworks.com/fingerprinting3.htm

+ 3점식 안전벨트로 수백만 명의 목숨을 구한 것을 축하하는 기사 :
https://www.media.volvocars.com/uk/en-gb/media/pressreleases/20505

**미래의 발명**
+ 젊은 발명가들의 놀라운 발명품들 :
https://www.bbc.com/future/article/20180316-four-teenage-inventors-changing-the-world and
https://greatbusinessschools.org/10-great-inventions-dreamt-up-by-children/

# 찾아보기

**D**
DNA 지문 94-95

**M**
MRI 스캐너 84-85

**가**
가정 보안 시스템 64-65
갈릴레이 갈릴레오 58-59, 76
계산기 52
고든 댄비 32-33
고트리드 다임러 26
광전지 효과 18
구조 로봇 102-103
국제 우주 정거장 18, 20
굴리엘모 마르코니 44-45
그레이스 호퍼 53
그린래드 피카드 45
글래디스 웨스트 56

**나**
나일론 68
내연기관 26-27
냉장고 66
니콜라우스 오토 26
닐스 보홀린 96

**다**
도널드 스틸 100
드론 34-35, 103
디지털 사진 48

**라**
라디오 44-45, 56
래디아 펄먼 54
레오나르도 다빈치 30
레이몬드 다마디언 84-85
레이저 수술 86-87
레지널드 페센든 45
로버트 고다드 36
로버트 훅 76
로잘린드 프랭클린 94

로켓 36-37
루이 다게르 48
루이지 갈바니 20
룬 엘름크비스트 78
리드 포레스트 45
리제 마이트너 14
리처드 트레비식 24
릴리 본 105
릴리언 길브레스 66

**마**
마가리타 살라스 팔구에라스 94
마나사 멘두 13
마리 밴 브리탄 브라운 64-65
마리 퀴리 14
마크 리드윌 78
막스 놀 76
망원경 58-59
메리 셔먼 모건 36
메리 월튼 25
모스 부호 42
무인 자동차 27

**바**
바이오매스 16
바이오연료 7, 16-17
반 필립스 7, 81
발전소 12-13, 14
방사선 14, 59, 82, 83
방탄 조끼 90-91
배터리 20-21
백내장 레이저 수술 86-87
베르너 폰 브라운 36
보안 카메라 65
보철 의족 7, 80-81
블라디미르 즈워리킨 51
비행기 28-29, 31, 34
빌헬름 뢴트겐 82
빌헬름 마이바흐 26

**사**
사무엘 모스 42
사진 48-49
소방차 98-99

수세식 변기 62-63
스테파니 퀄렉 91
식기 세척기 72-73
심장박동 조절 장치 78-79
쏟음 방지 컵 105

**아**
아르네 라슨 78
아브라함 카렘 35
아자 압델 하미드 파이아드 7, 16
안전벨트 96-97
안토니 레벤후크 76
알렉 제프리 94
알렉산더 그레이엄 벨 46-47
알렉산더 커밍스 62
알렉산더 파크스 68
알렉산드로 볼타 20
알렉산드리아의 헤론 10
알버트 하이먼 78
알퐁스 베르티옹 93
알프레드 베일 42
압전 물질 13
애니 이즐리 36
앨런 튜링 53
양전자 방출 단층 촬영(PET) 85
에너지 연쇄 12
에드몬드 18
에른스트 루스카 76
에른스트 마일리 100
에어백 97
에이다 러브레이스 52
에탄올 16
에티엔 르누아르 26
엑스레이 82-83, 85
엔리코 페르미 14
엘리샤 그레이 46, 47
엘리자베스 파이너 54, 55
연기 감지기 100
오빌 라이트, 윌버 라이트 28-29
오토 한 14
올가 곤잘레스 사나브리아 20
와이파이 55
요하네스 구텐베르크 6, 7, 40
원자 14, 83, 84
원자로 14-15

월드 와이드 웹 54-55
윌리스 캐러더스 68
위성 36, 56-57
위성 항법 장치(GPS) 56-57
윌리엄 쿨리지 83
윌리엄 후버 71
유레카의 순간 6
이고르 시코르스키 30-31
인쇄기 6-7, 40-41
인조 섬유 68
인터넷 54-55

## 자
자기 에너지 32-33, 42, 84-85
자기부상 열차 32-33
자동차 26-27, 96-97
전기 12, 13, 14, 18, 19, 20, 33, 42, 46
전신기 42-43, 44, 46, 47
전자기파 59, 83
전화기 46-47
제임스 다이슨 71
제임스 스팽글러 70-71
제임스 와트 10
제임스 클러크 맥스웰 44
제임스 포웰 32-33
조립 라인 27
조세핀 코크런 72
조제프 니세포어 니엡스 48
조지 A. 다비 100
조지 스티븐슨, 로버트 스티븐슨 24
조지 이스트먼 48
조지 케일리 96
존 W. 헤트릭 97
존 로지 베어드 50
존 웨슬리 하이엇 68
존 해링턴 62
증기기관 10-11
증기기관차 24-25
지문 92-93
진공 청소기 70-71

## 차
찰스 배비지 52
찰스 프리츠 18, 19

철로 24-25, 32-33, 42
초음속 85
초전도체 33

## 카
카를 카스너 20
카메라와 카메라 필름 48, 65
칼 벤츠, 베르타 벤츠 26-27
컴퓨터 52-53
컴퓨터 단층 촬영 85
케블라 91
콘라트 추제 52
콘스탄틴 치올콥스키 36
클래런스 버즈아이 66

## 타
탄소 섬유 81
태양광 전지 13, 18, 19, 20
태양전지판 18-19
터빈 12
테오도르 메이먼 86
텔레비전 50-51, 56
토마스 뉴커먼 10
토마스 세이버리 10
토마스 에디슨 12
토마스 왓슨 46, 47
토마스 크래퍼 62
토마스 트와이포드 62
팀 버너스 리 54-55

## 파
패트리샤 배스 86
폴 로토버 85
폴 코르누 30
프레드 W. 울프 66
플라스틱 16, 68, 91
플로렌스 파파트 66
피터 맨스필드 85
필리오 판스워스 50-51

## 하
하비스트(HARVEST) 장치 13
하인리히 헤르츠 44
한스 리퍼세이 58

한스 얀센, 차하리아스 얀센 76
핵분열 14, 15
핵연쇄반응 14
헤디 라머 55
헨리 포드 27
헨리 폭스 탤벗 48
헬리콥터 30-31
현미경 76-77
화석 연료 발전소 12-13
후안 부체티크 93
휴버트 세실 부스 70